Carl Schroeder

Aspasia

Oper in drei Aufzügen

Carl Schroeder

Aspasia
Oper in drei Aufzügen

ISBN/EAN: 9783743699458

Hergestellt in Europa, USA, Kanada, Australien, Japan

Cover: Foto ©Thomas Meinert / pixelio.de

Weitere Bücher finden Sie auf **www.hansebooks.com**

Aspasia.

Oper
in drei Aufzügen

Text von Franz Bittong

Musik von

Carl Schroeder.

Bühnen gegenüber als Manuscript gedruckt.
Alle Rechte vorbehalten.

Preis M 15.— netto.

Eigenthum des Verlegers für alle Länder.

Leipzig, Martin Oberdörffer.
New York, Edward Schuberth & Co. London, Schott & Co.

M.O. 1227

(Copyright 1892 by Martin Oberdörffer.)

Personen.

Michaïl Panagiotis, königlicher Schatzmeister	*II. Bass* (kleine Partie).
Aristéa, seine Frau	*Alt.* (do.)
	(Kann auch durch Statistin besetzt werden, ohne Gesang.)
Déstima, deren Tochter	*Sopran* (jugendl. dramat.)
Konradin von Waldstein, bayrischer Offizier	*I. Baryton.*
Sepp Werner, sein Bursche	*Tenorbuffo.*
Dimitrios Aristi, Palikarenführer	*I. Tenor.*
Narkissos Byzantinos, „	*I. Bass od. I. Baryton.*
Apóstolos Koralis, Palikare (Klefte)	*I. Bass* (dramat.)
Aspasía, seine Nichte	*Sopran* (dramat.)
Anthúla, Zigeunermutter	*Alt.*

Irini,
Pinelópi,
Polixéni,
María,
Kalíopi, ⎬ Paranymphen (Brautjungfern), davon 4 kleine Solopartien.
Thanaena,
Roxáni,
Efrosini,

Ein Palikare, ein Bote. Ein Priester. Palikaren. Volk. Zigeuner.

Ort und Zeit der Handlung:

Griechenland 1835, nach dem Regierungsantritt des Königs Otto.

Aspasia.

Oper in 3 Aufzügen von Fr. Bittong.
Musik von Carl Schroeder.

Vorspiel.

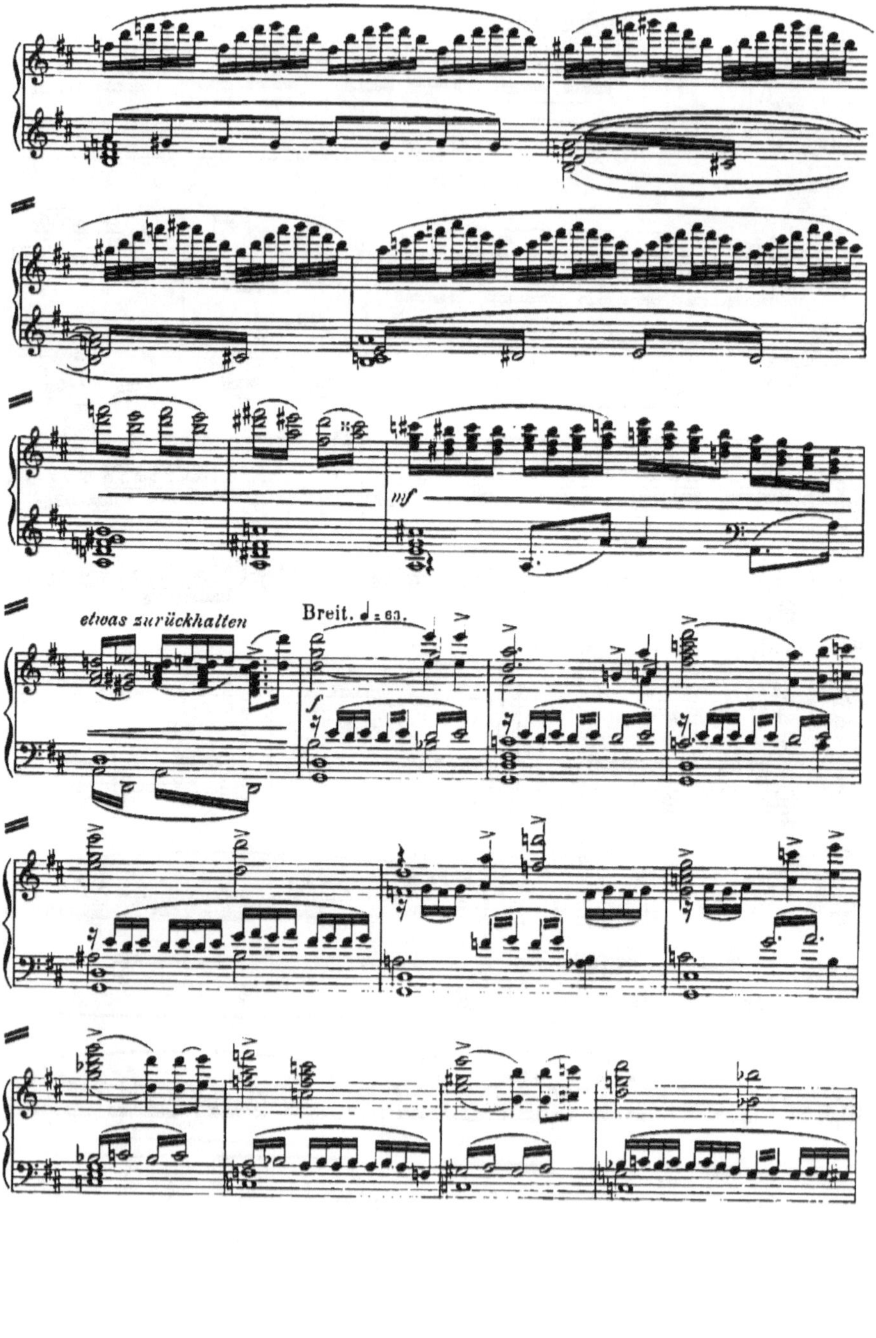

mf
etwas zurückhalten
Breit. ♩= 63.
f

Erster Aufzug.

Ein freier Platz in Athen. Nacht und Mondschein. Rechts ein Haus mit rebenbewachsener Veranda, an welcher zahlreiche bunte Lampen hängen. Links vorn eine umgestürzte Säule als Sitz. Im Hintergrunde die mondbeleuchtete Akropolis. Aspasia, in griechischer Knabentracht, ein Körbchen mit Blumen und Früchten in der Hand haltend, sitzt auf der Säule links. Etwas hinter ihr Apóstolos. Weiter vorn, nach der Mitte der Bühne zu, steht Dimitrios, die Augen unverwandt nach dem Hause rechts gerichtet. Den Hintergrund erfüllt eine Menge Volk mit bunten Stocklaternen. In der Mitte der Bühne führt der Vortänzer mit den Tänzerinnen den Chorreigen auf. Rechts im Vordergrunde sitzen einige Männer mit Mandolinen und sechs Mädchen mit Tambourins.

1. Auftritt.

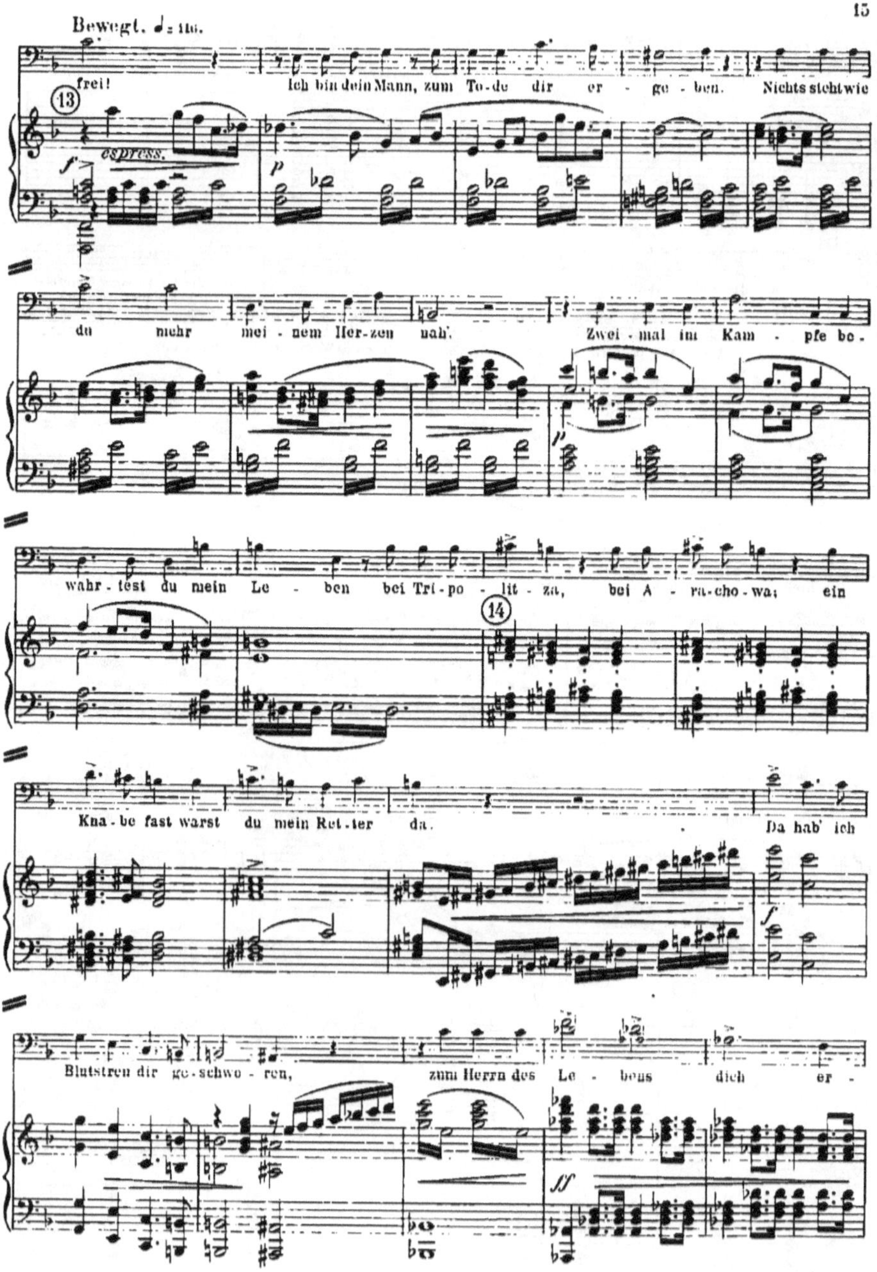
Bewegt.
frei! Ich bin dein Mann, zum To-de dir er-ge-ben. Nichts steht wie
espress.
du mehr mei-nem Her-zen nah'. Zwei-mal im Kam-pfe be-
wahr-test du mein Le-ben bei Tri-po-lit-za, bei A-ra-cho-wa; ein
Kna-be fast warst du mein Ret-ter da. Da hab' ich
Blutstreu dir ge-schwo-ren, zum Herrn des Le-bens dich er-

2. Auftritt.

Vorige, die Paranymphen, dann **Konradin u. Déstima, Michael u. Aristéa.**
Das Volk und die Tänzer, welche im Hintergrund in Gruppen plauderten, ordnen sich wieder, wie vorher.

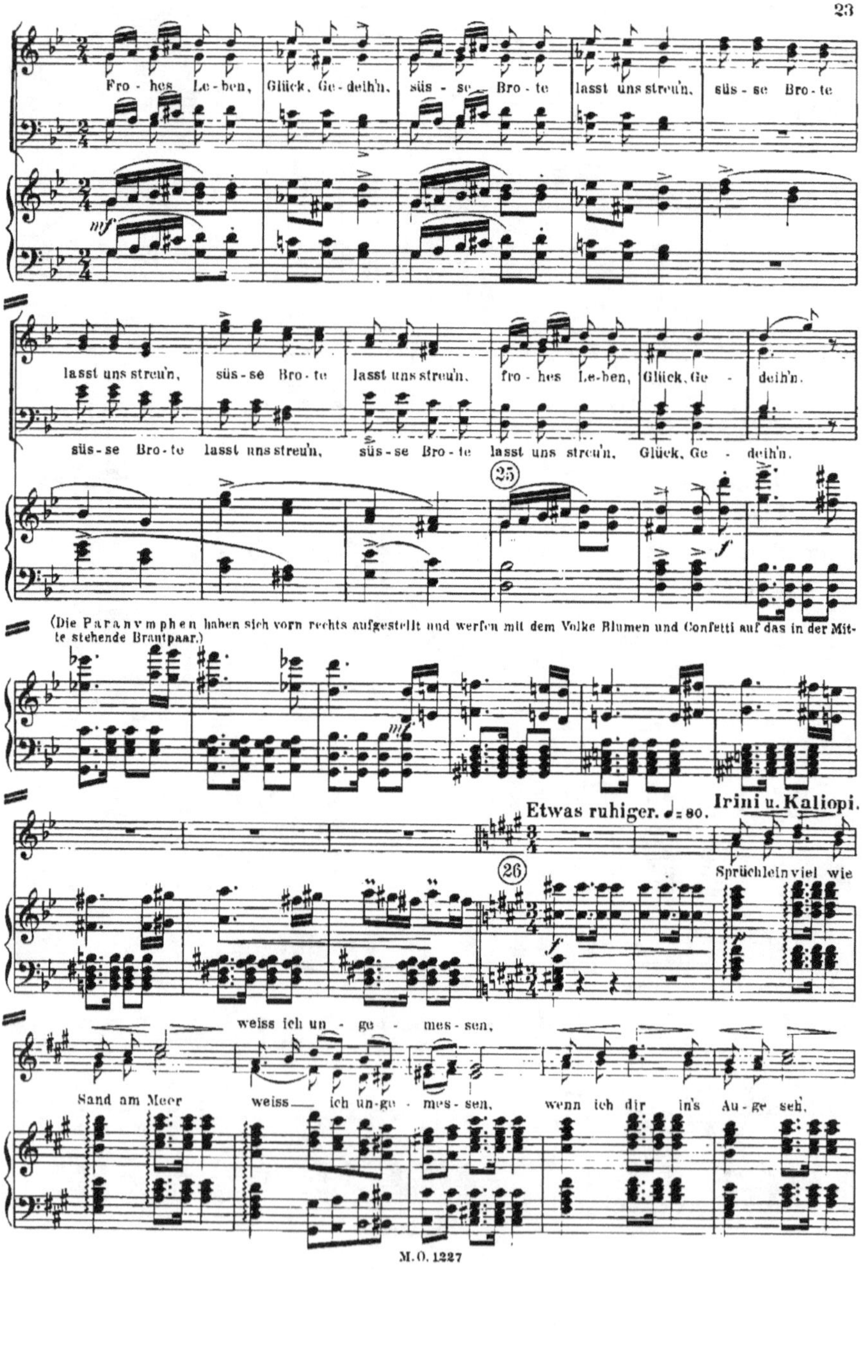
Fro - hes Le - ben, Glück, Ge - deih'n, süs - se Bro - te lasst uns streu'n, süs - se Bro - te
lasst uns streu'n, süs - se Bro - te lasst uns streu'n, fro - hes Le - ben, Glück, Ge - deih'n.
süs - se Bro - te lasst uns streu'n, süs - se Bro - te lasst uns streu'n, Glück, Ge - deih'n.
25
(Die Paranymphen haben sich vorn rechts aufgestellt und werfen mit dem Volke Blumen und Confetti auf das in der Mitte stehende Brautpaar.)
Etwas ruhiger. 𝅗𝅥 = 80.
Irini u. Kaliopi.
26
Sprüchlein viel wie
weiss ich un - ge - mes - sen,
Sand am Meer weiss ich un - ge - mes - sen, wenn ich dir in's Au - ge seh,

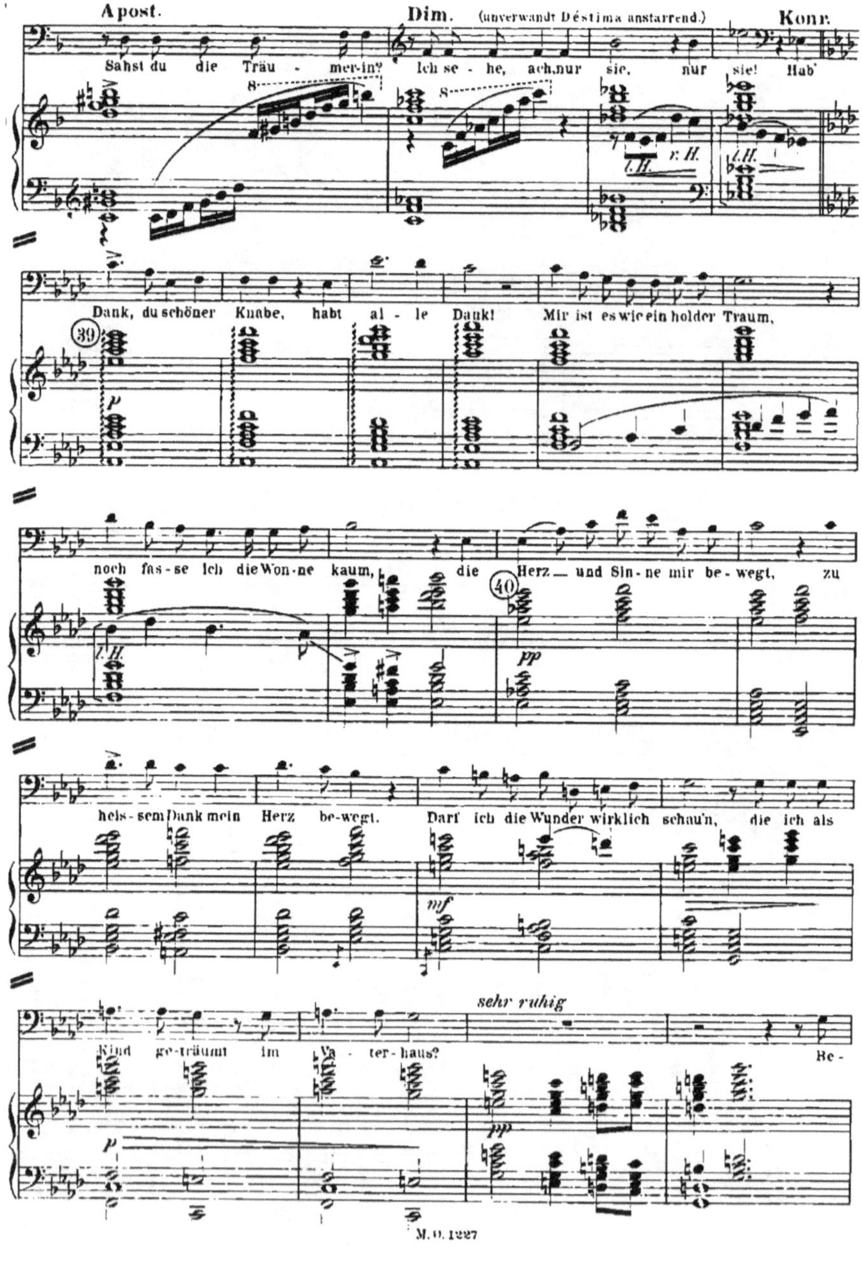
Apost.
Sahst du die Träu - mer-in?
Dim. (unverwandt Déstima anstarrend.)
Ich se - he, ach,nur sie, nur sie!
Konr.
Hab' Dank, du schöner Knabe, habt al - le Dank! Mir ist es wie ein holder Traum,
noch fas-se ich die Won-ne kaum, die Herz — und Sin-ne mir be-wegt, zu
heis-sem Dank mein Herz be-wegt. Darf ich die Wunder wirklich schau'n, die ich als
Kind ge-träumt im Va - ter-haus? Be-
sehr ruhig
l. H.
r. H.
p
pp
mf
39
40

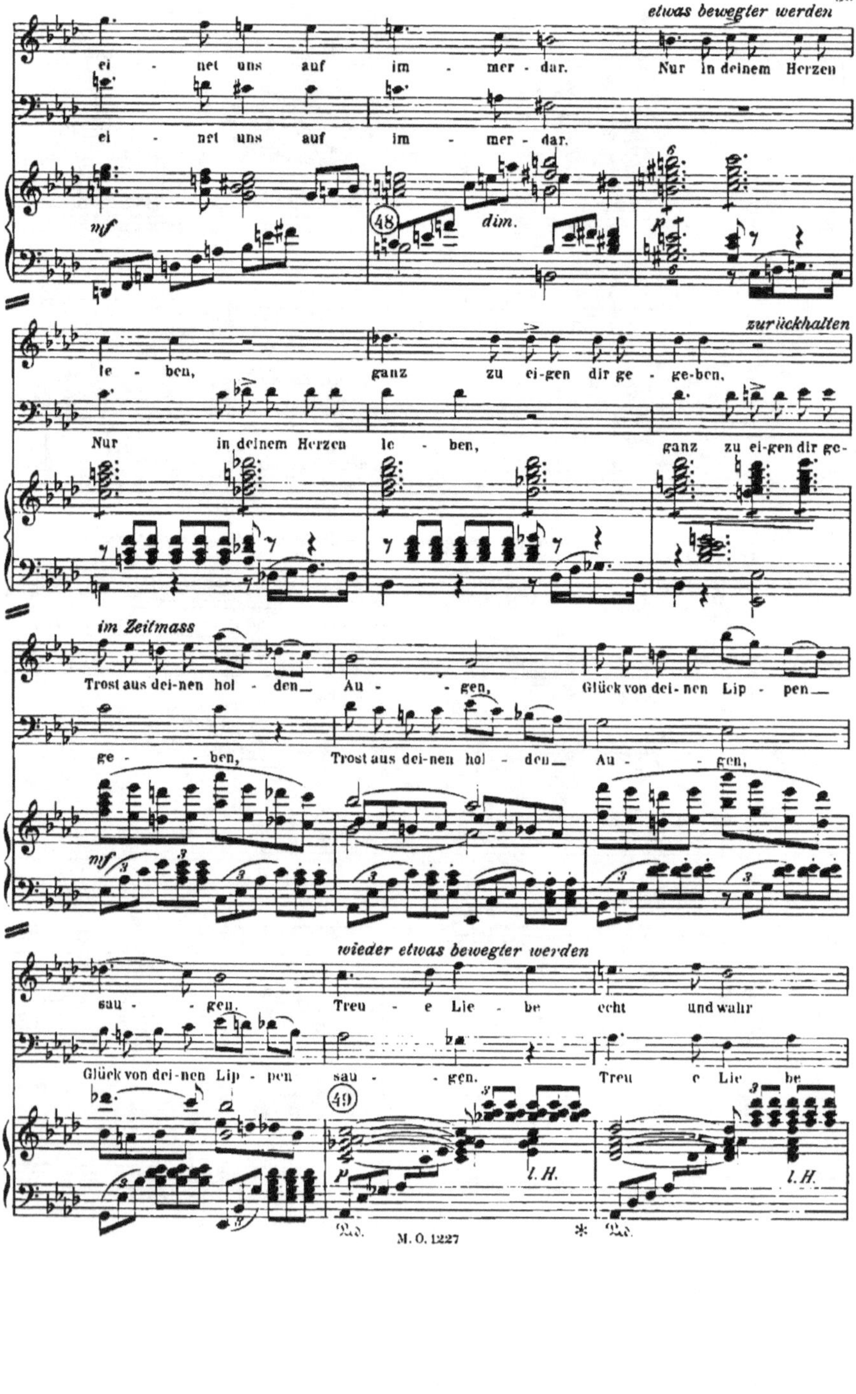
etwas bewegter werden
ei - net uns auf im - mer - dar. Nur in deinem Herzen
ei - net uns auf im - mer - dar.
mf
48
dim.
zurückhalten
le - ben, ganz zu ei-gen dir ge - ge-ben,
Nur in deinem Herzen le - ben, ganz zu ei-gen dir ge-
im Zeitmass
Trost aus dei-nen hol - den Au - gen, Glück von dei-nen Lip - pen
ge - ben, Trost aus dei-nen hol - den Au - gen,
mf
wieder etwas bewegter werden
sau - gen. Treu - e Lie - be echt und wahr
Glück von dei-nen Lip - pen sau - gen. Treu e Lie be
49
p
l. H.
l. H.

Gebet.

3. Auftritt.

Vorige. Der **Pope** (kommt aus dem Hause links.) Später **Sepp**.
Alle machen ehrfurchtsvoll Platz.

Zweiter Aufzug.

Felsengegend bei Argos. Links oben ein Wasserfall, welcher in eine tiefe Schlucht hinunter stürzt. Über den Wasserfall führt eine rohe, aus einigen Baumstämmen gebildete Brücke. In der Mitte oben Säulentrümmer eines griech.Tempels. Rechts hinten im Schatten eines mächtigen Baumes, eine epheubewachsene Hütte. Rechts vorn ein gefällter Baumstamm, dahinter ein Felsblock. Üppige Blumen zwischen den Felsen. (Wenn der Vorhang hoch ist, bleibt die Bühne einige Augenblicke leer.)

Im Zeitmass.
(plötzlich ernst, Schlauch und Sack auf den Steinsitz werfend.)
etwas zurückhalten
Schat-ten längst in As-pho-de-los Blü-ten. Da, sieh, nun ist die Rechnung aus-ge-gli-chen!
pp
mf
(mürrisch)
Ruhig. ♩= 88.
Wie du be - fahlst, nahm ich den
etwas zurückhalten
p
Feind in mei - ne Hüt-te gast - lich auf; war's
mei - ne Schuld, dass ihn so nah' am Le-ben streift' der Ku-gel
4
Lauf? Wie du be - fahlst, holt' ich. den Feind zu

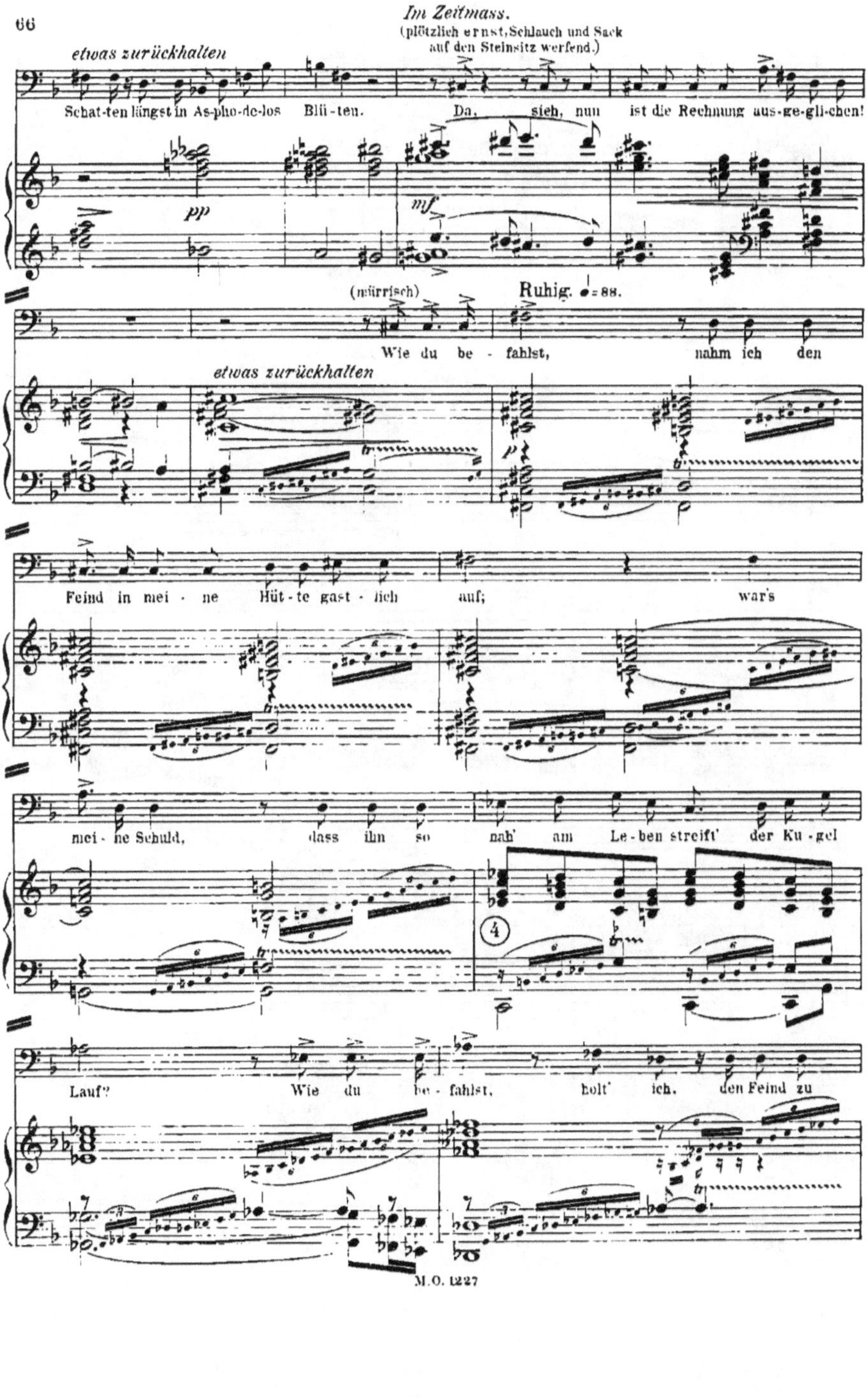

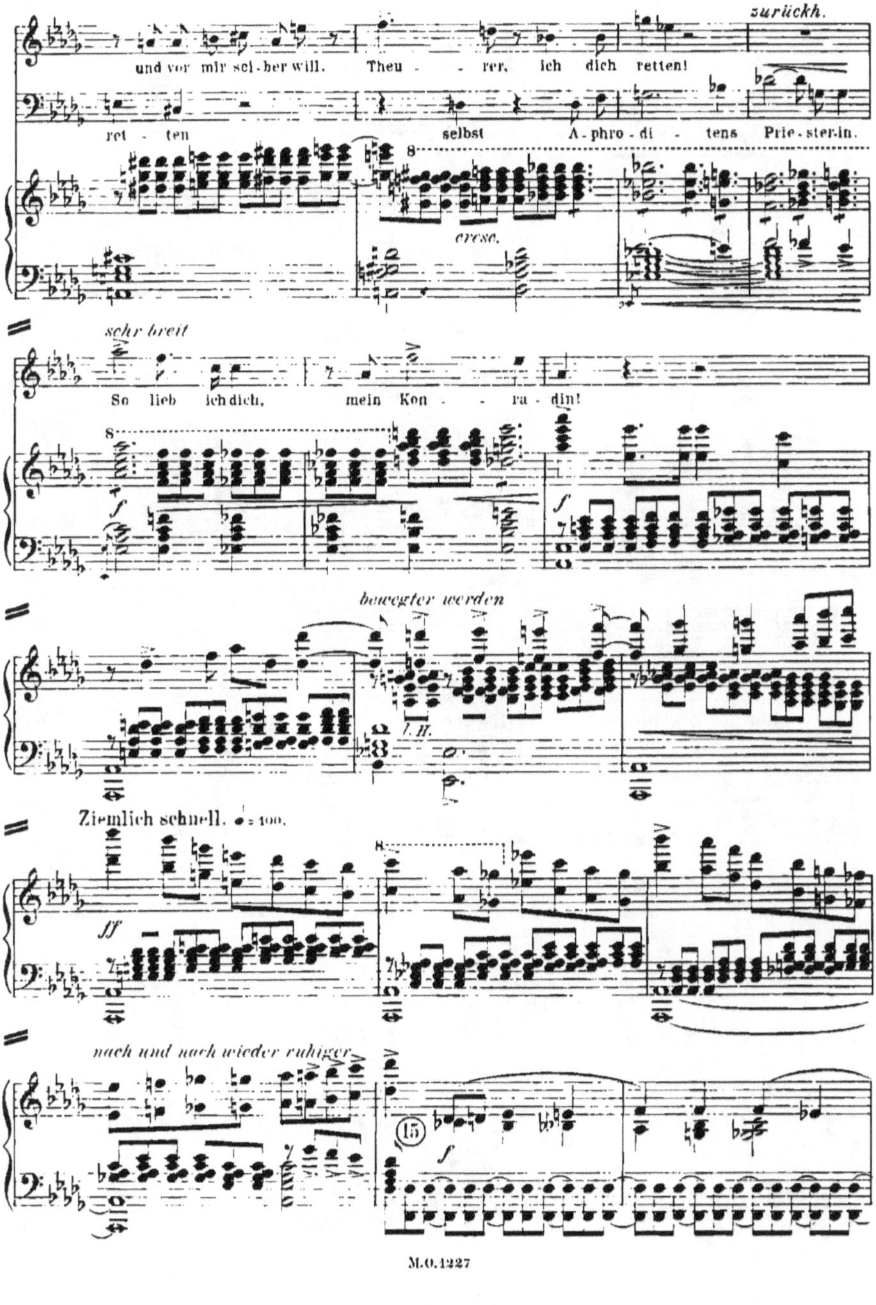
zurückh.
und vor mir sel-ber will. Theu - - rer, ich dich retten!
ret - ten selbst A-phro-di - tens Prie-ster-in.
cresc.
sehr breit
So lieb ich dich, mein Kon - ra-din!
bewegter werden
l. H.
Ziemlich schnell. = 100.
ff
nach und nach wieder ruhiger
15

2. Auftritt.

Anthula, gefolgt von Männern, Weibern und Kindern, erscheint jetzt oben auf dem Felsen über dem Wasserfall, und betrachtet, als ob sie die Gegend wieder erkenne, die Scene; als sie Apóstolos erblickt, kommt sie langsam herab. Der Zug folgt ihr.

(Anthúla gebietet Schweigen. Alle lagern sich, vom Weg ermüdet.)
- ner auf der Welt.
geu - ner
geu - ner auf der Welt.
18
mf
p
Anth.
Hier muss es sein, hier ist der Ort, die Hütte hier, die Säulen dort,
(Apóstolos anrufend.)
He! Alter, bist gewiss mein Mann, bist Ki-ri-e A-pó-sto-los, sag'
pp
Apóst.
an? Du kennst mich, Al-te? Was willst du von mir?

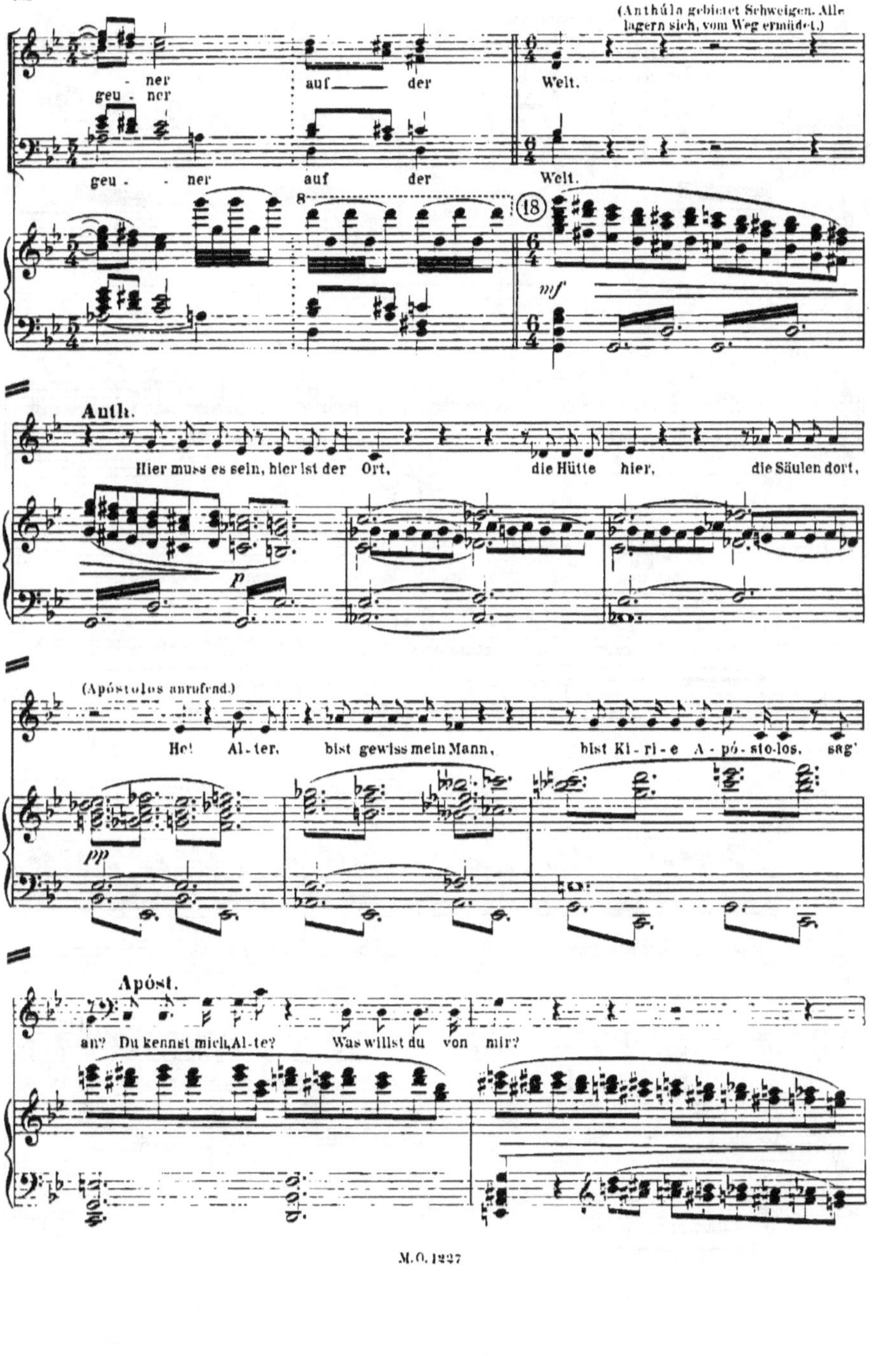

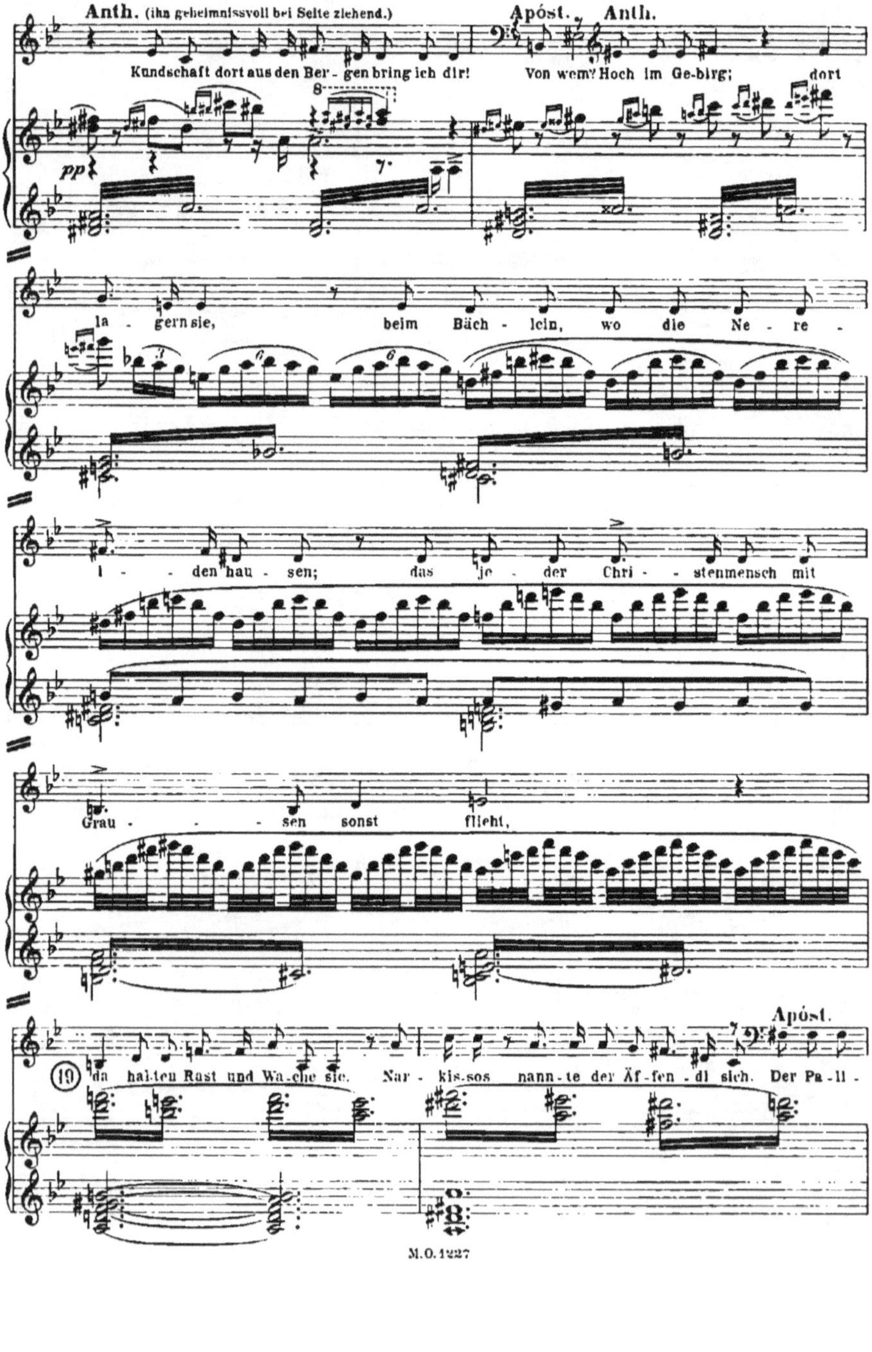
Anth. (ihn geheimnissvoll bei Seite ziehend.)
Kundschaft dort aus den Ber - gen bring ich dir!
Apóst. Anth.
Von wem? Hoch im Ge-birg; dort
pp
la - gern sie, beim Bäch - lein, wo die Ne - re -
i - den hau - sen; das je - der Chri - stenmensch mit
Grau - - sen sonst flieht,
19
da hal-ten Rast und Wa-che sie. Nar - kis-sos nann - te der Äf - fen - di sich.
Apóst.
Der Pa - li -

*) Die Sopranstimmen, welche nicht genügende Tiefe haben, singen nur die mittleren Takte.

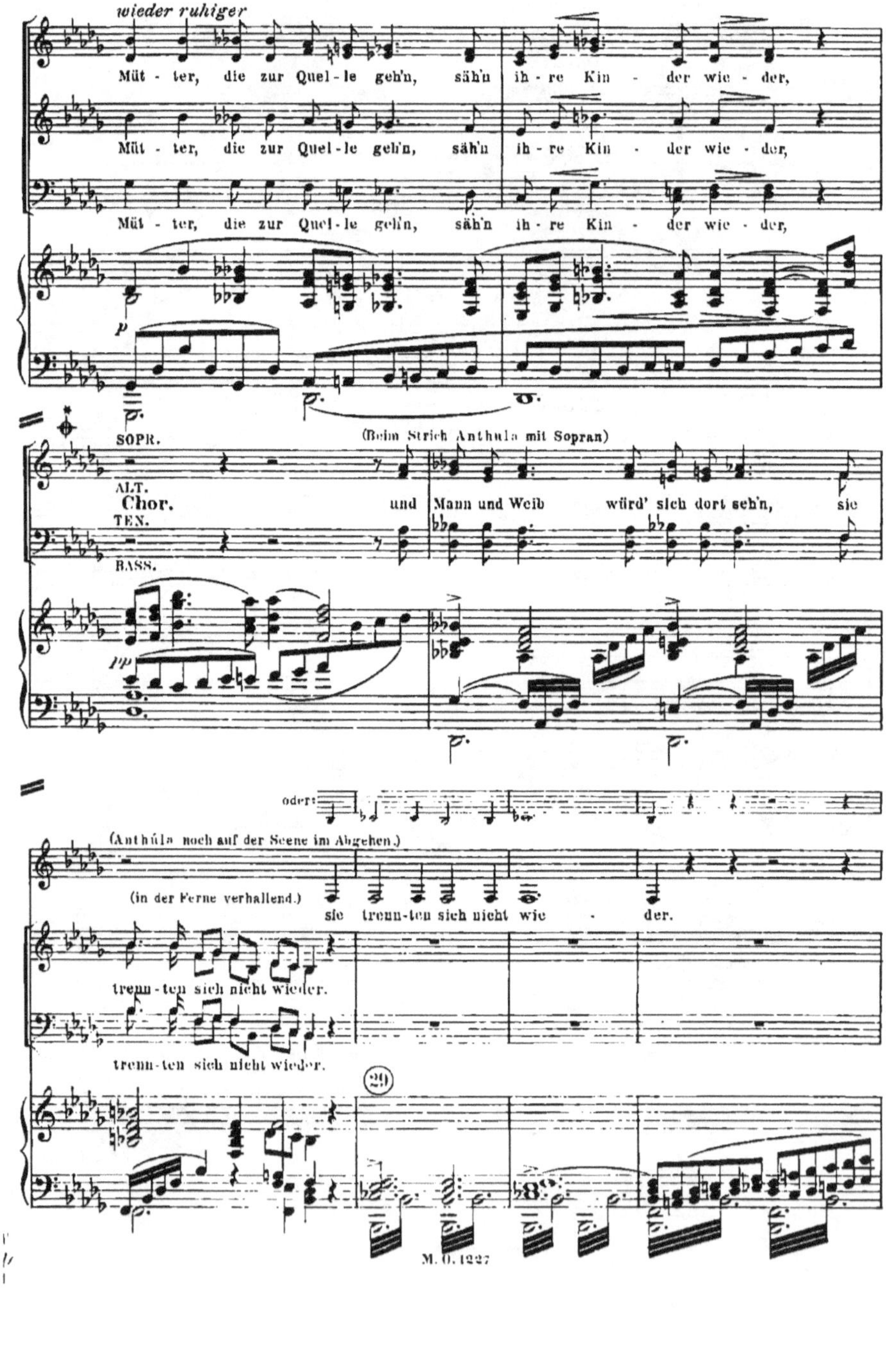
wieder ruhiger
Müt - ter, die zur Quel - le geh'n, säh'n ih - re Kin - der wie - der,
Müt - ter, die zur Quel - le geh'n, säh'n ih - re Kin - der wie - der,
Müt - ter, die zur Quel - le geh'n, säh'n ih - re Kin - der wie - der,
p
SOPR.
ALT.
Chor.
TEN.
BASS.
(Beim Strich Anthula mit Sopran)
und Mann und Weib würd' sich dort seh'n, sie
pp
oder:
(Anthúla noch auf der Scene im Abgehen.)
(in der Ferne verhallend.)
sie trenn-ten sich nicht wie - der.
trenn-ten sich nicht wieder.
trenn-ten sich nicht wieder.
29

97

3. Auftritt.

Konradin (die Uniform leicht übergeworfen, den rechten Arm in einer Schlinge tragend, kommt, von Sepp geführt, aus der Hütte.)

Etwas bewegter. ♩ = 84.

Konr.
Sepp.
Konr. (mit dem Ausdruck innigster Dankbarkeit.)
pflegt. Und ihr Na - me? As - pa - si - a! As - pa - si - a!

4. Auftritt.

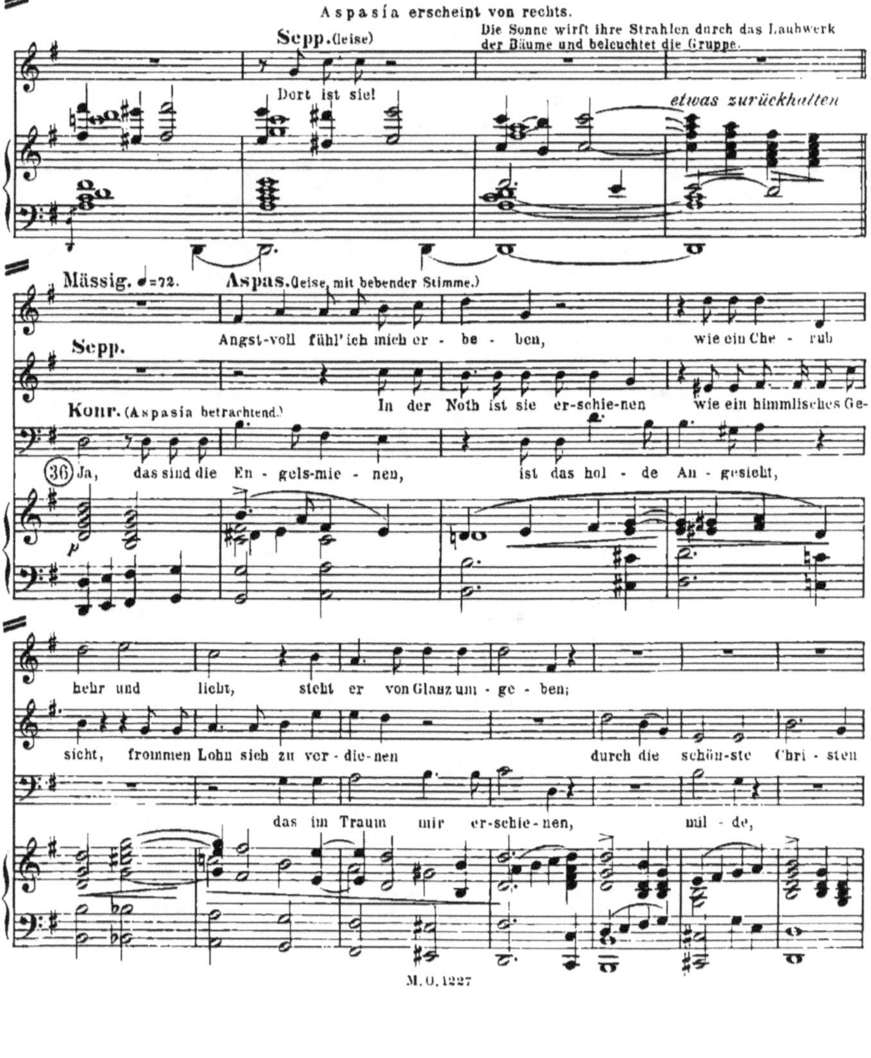
Aspasía erscheint von rechts.
Sepp. (leise)
Die Sonne wirft ihre Strahlen durch das Laubwerk der Bäume und beleuchtet die Gruppe.
Dort ist sie!
etwas zurückhalten
Mässig. ♩=72.
Aspas. (leise, mit bebender Stimme.)
Angst-voll fühl' ich mich er - be - ben, wie ein Che - rub
Sepp.
In der Noth ist sie er-schie-nen wie ein himmlisches Ge-
Konr. (Aspasia betrachtend.)
36
Ja, das sind die En - gels-mie - nen, ist das hol - de An - gesicht,
p
hehr und licht, steht er von Glanz um - ge - ben;
sicht, frommen Lohn sich zu ver - die-nen durch die schön-ste Chri - sten
das im Traum mir er-schie-nen, mil - de,

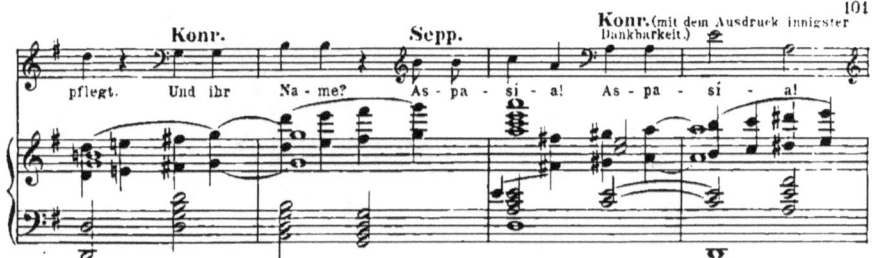

Wieder bewegter. ♩=104.

was ich ge-than, ist nur der Frau-en Pflicht. der wunde Feind ist un-ser Geg-ner nicht! Noch bist du schwach, ruh' hier im Frei-en aus, gar dumpf ist dort die Luft im en-gen Haus.

etwas zurückhalten

Sie giebt Sepp einen Wink, den Weinschlauch, den Sack und die Trinkschaale herüber zu holen, und geleitet dann Konradin zu dem Baumstamm rechts, wo er sich, den Rücken gegen den Felsblock gelehnt, niederlässt, während sie an seiner linken Seite zu seinen Füssen niederkniet. Sie füllt die Schaale aus dem Schlauche, welchen Sepp auf den Baumstamm legte, und bietet sie Konradin an.

etwas belebter

Der heil'ge Di-o-

*) Diese Stelle ist so aufzufassen, dass Sepp, welcher anfänglich noch hochdeutsch spricht, schliesslich bei den Worten: "'sis a Schand" in den bayrischen Dialekt übergeht.

* Die Jodler können beliebig verändert, eventuell auch weggelassen werden.

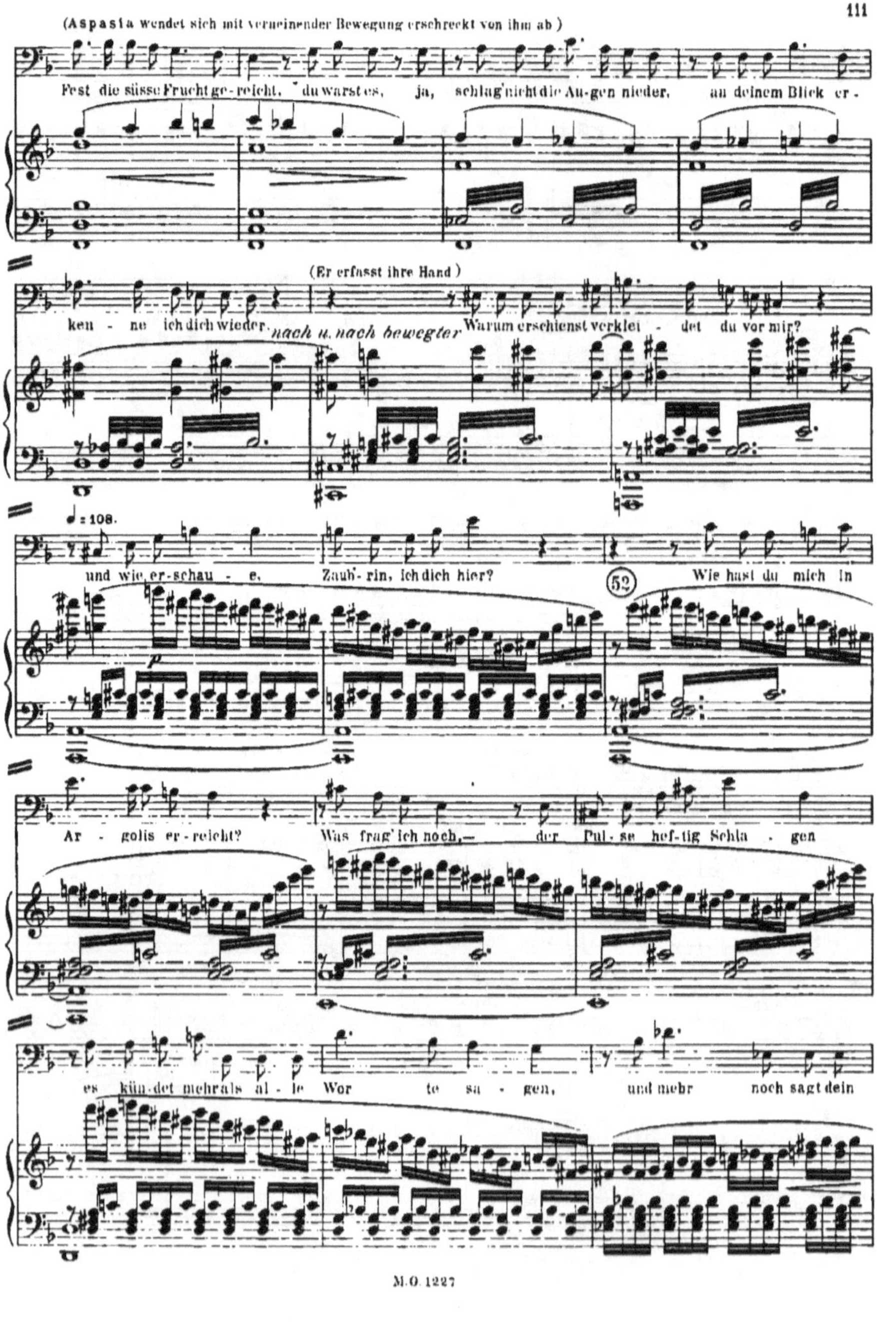
(Aspasia wendet sich mit verneinender Bewegung erschreckt von ihm ab)
Fest die süsse Frucht ge-reicht, du warst es, ja, schlag' nicht die Au-gen nieder, an deinem Blick er-
(Er erfasst ihre Hand)
ken - ne ich dich wieder. Warum erschienst verklei - det du vor mir?
nach u. nach bewegter
♩ = 108.
und wie er-schau - e, Zaub'-rin, ich dich hier?
52
Wie hast du mich in
Ar - golis er-reicht? Was frag' ich noch,— der Pul-se hef-tig Schla - gen
es kün-det mehr als al - le Wor - te sa - gen, und mehr noch sagt dein

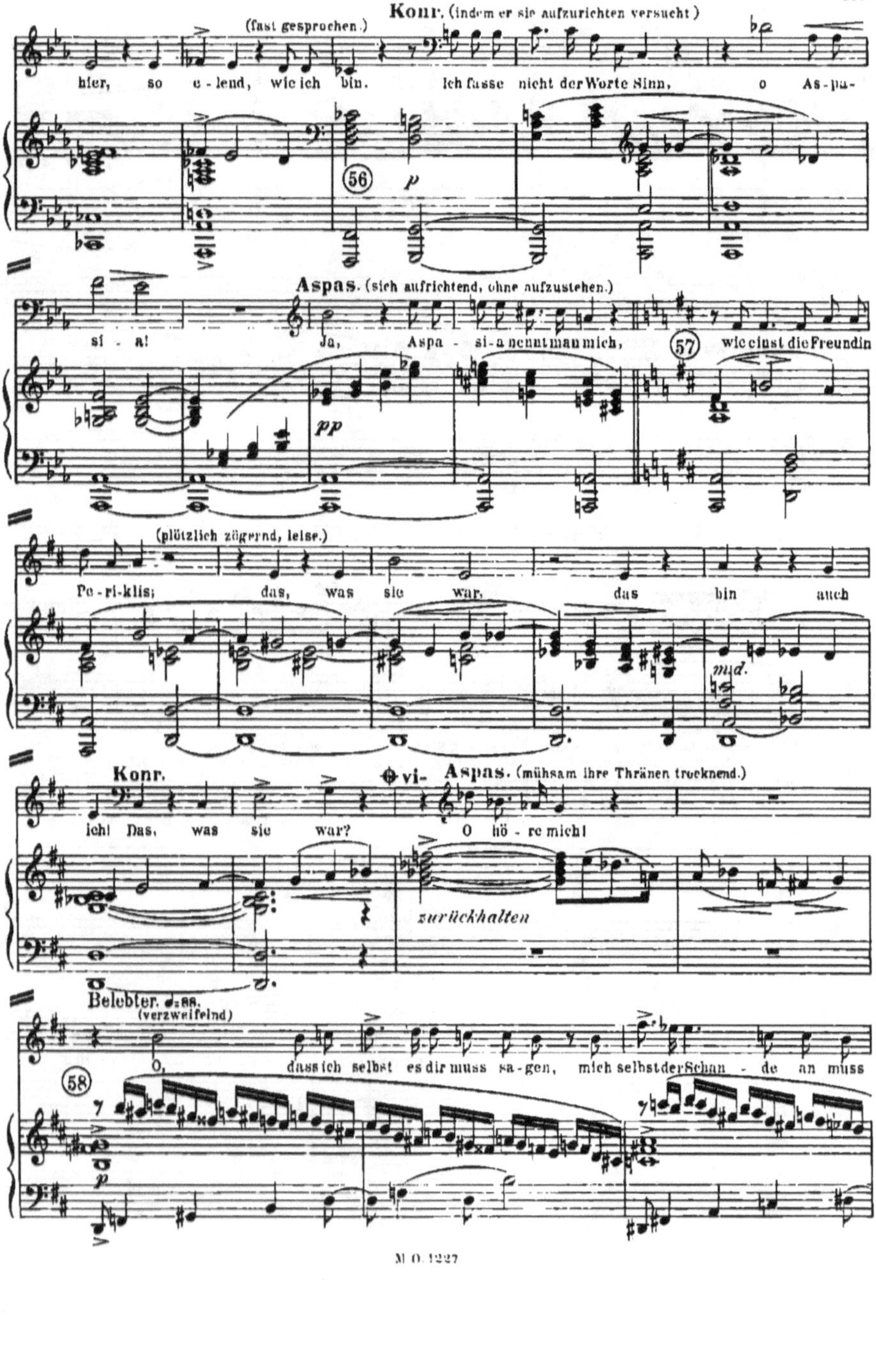
Konr. (indem er sie aufzurichten versucht)
(fast gesprochen.)
hier, so e - lend, wie ich bin. Ich fasse nicht der Worte Sinn, o As-pa-
56
p
si - a!
Aspas. (sich aufrichtend, ohne aufzustehen.)
Ja, Aspa - si - a nennt man mich,
57
wie einst die Freundin
pp
(plötzlich zögernd, leise.)
Pe-ri-klis; das, was sie war, das bin auch
md.
Konr.
Aspas. (mühsam ihre Thränen trocknend.)
ich! Das, was sie war? O hö - re mich!
vi-
zurückhalten
Belebter.
(verzweifelnd)
O, dass ich selbst es dir muss sa-gen, mich selbst der Schan - de an muss
58
p

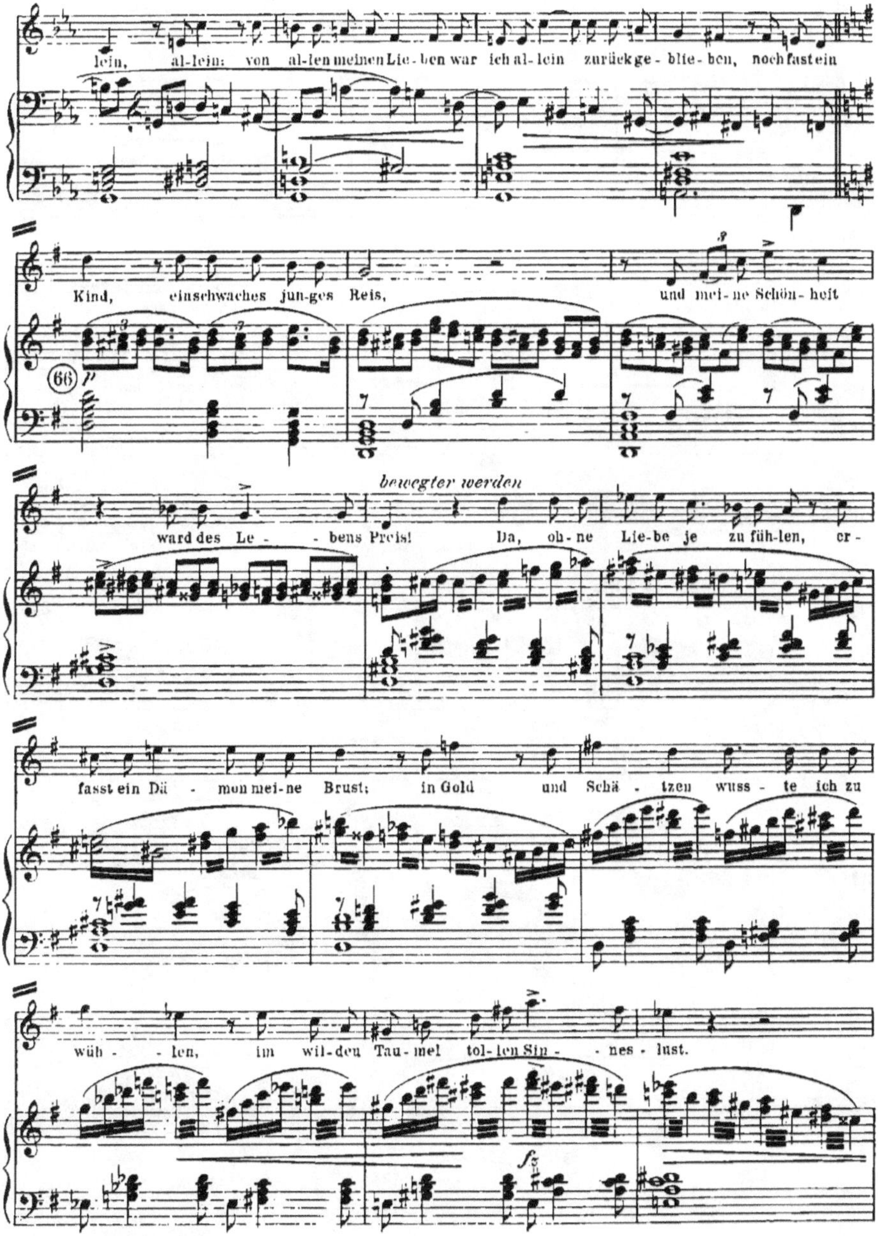
lein, al-lein: von al-len meinen Lie-ben war ich al-lein zurück ge-blie-ben, noch fast ein
Kind, ein schwaches jun-ges Reis, und mei-ne Schön-heit
66
p
ward des Le - bens Preis!
bewegter werden
Da, oh-ne Lie-be je zu füh-len, er-
fasst ein Dä - mon mei-ne Brust; in Gold und Schä - tzen wuss - te ich zu
wüh - len, im wil-den Tau-mel tol-len Sin - nes-lust.
fz

5. Auftritt.

Apóstolos, Narkissos, Palikaren.

Männer und Knaben, welche Sepp als Gefangenen mit sich führen, kommen schnell von oben über die Brücke und von links unten aus den Felsen herein.

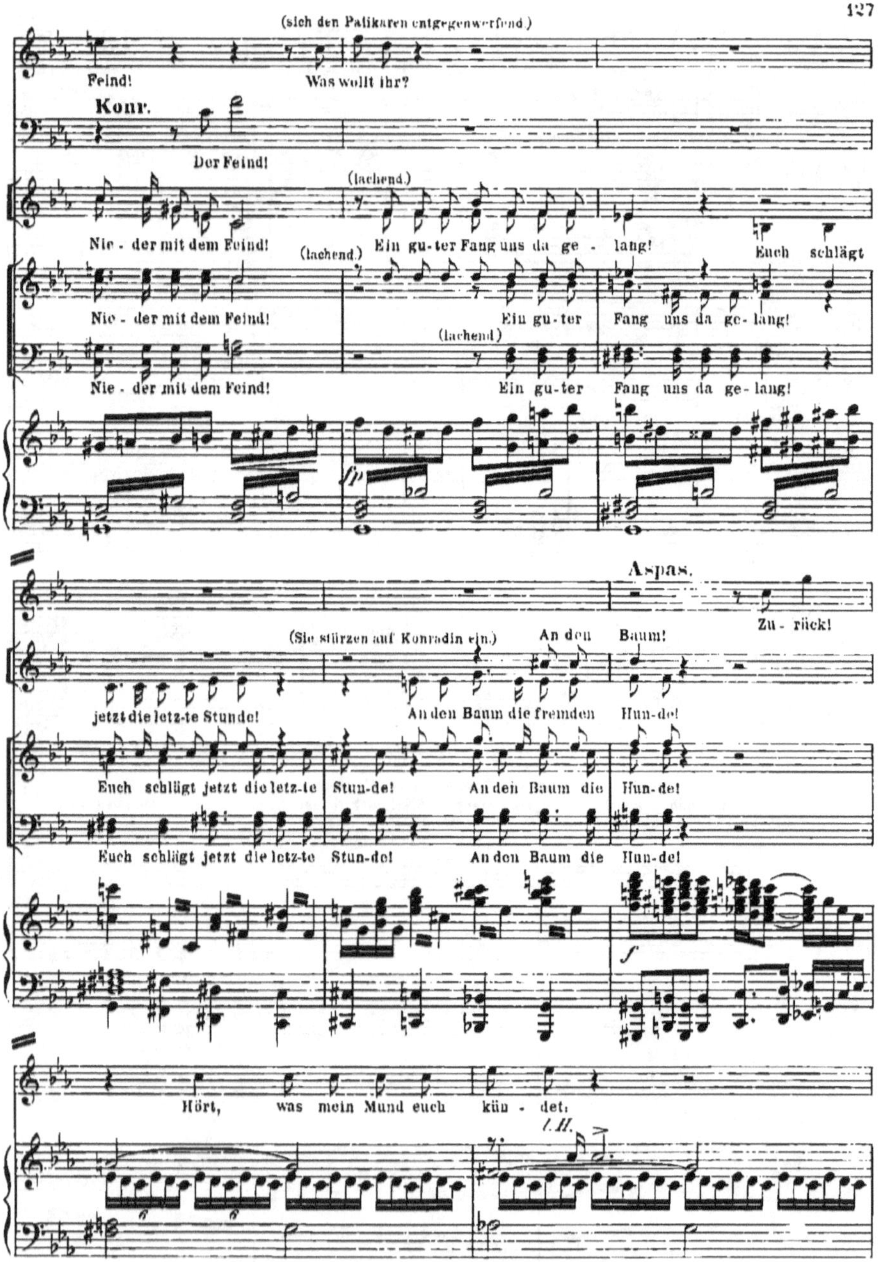
(sich den Palikaren entgegenwerfend.)
Feind! Was wollt ihr?
Konr.
Der Feind!
(lachend.)
Nie - der mit dem Feind! Ein gu - ter Fang uns da ge - lang! Euch schlägt
(lachend.)
Nie - der mit dem Feind! Ein gu - ter Fang uns da ge - lang!
(lachend)
Nie - der mit dem Feind! Ein gu - ter Fang uns da ge - lang!
fp
Aspas.
Zu - rück!
(Sie stürzen auf Konradin ein.)
An den Baum!
jetzt die letz - te Stunde! An den Baum die fremden Hun - de!
Euch schlägt jetzt die letz - te Stun - de! An den Baum die Hun - de!
Euch schlägt jetzt die letz - te Stun - de! An den Baum die Hun - de!
f
Hört, was mein Mund euch kün - det.
l. H.

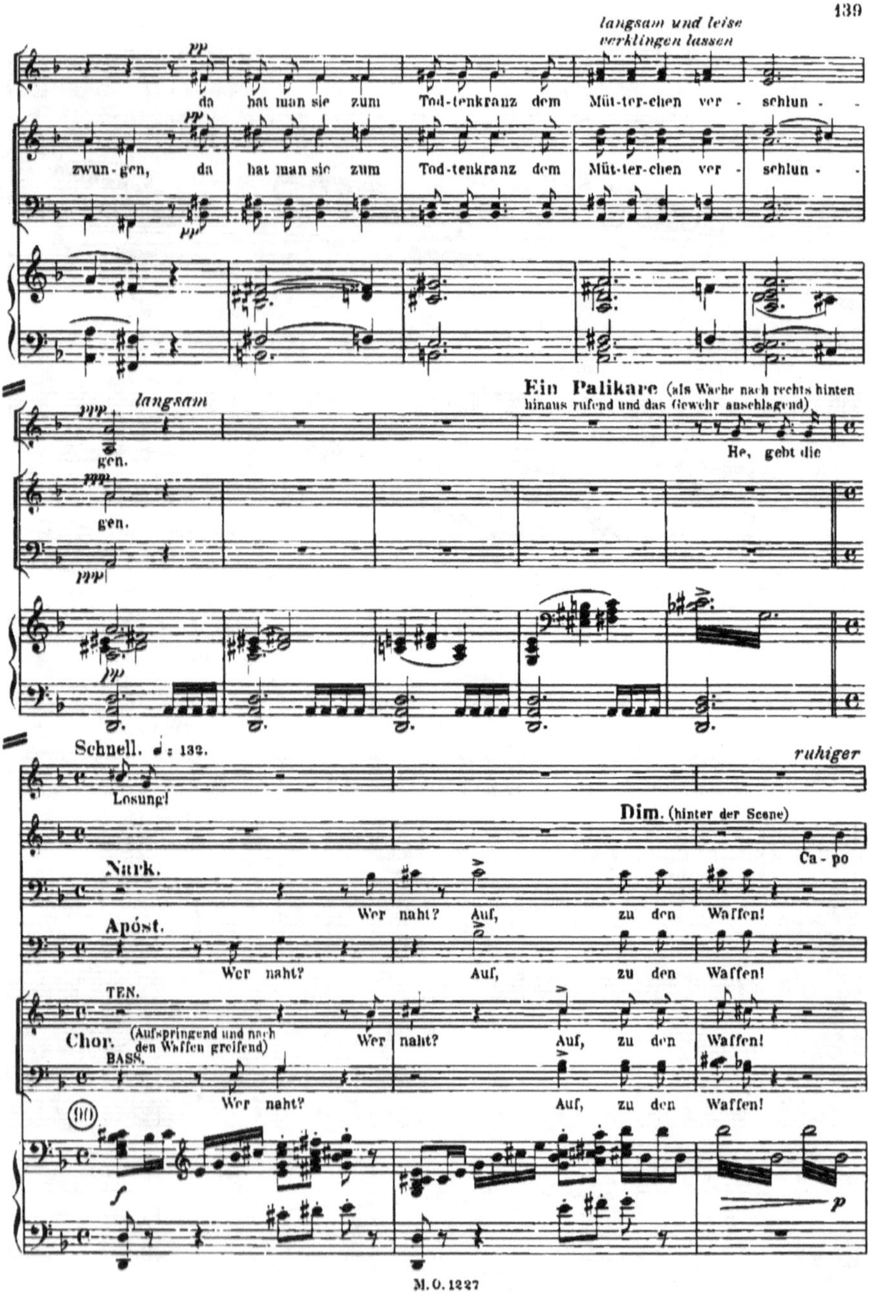
langsam und leise verklingen lassen
da hat man sie zum Tod-tenkranz dem Müt-ter-chen ver - schlun -
zwun-gen, da hat man sie zum Tod-tenkranz dem Müt-ter-chen ver - schlun -
langsam
gen.
gen.
Ein Palikare (als Wache nach rechts hinten hinaus rufend und das Gewehr anschlagend)
He, gebt die
Schnell. 𝅗𝅥 = 132.
Losung!
ruhiger
Dim. (hinter der Scene)
Ca - po
Nark.
Wer naht? Auf, zu den Waffen!
Apóst.
Wer naht? Auf, zu den Waffen!
TEN.
Chor. (Aufspringend und nach den Waffen greifend)
BASS.
Wer naht? Auf, zu den Waffen!
Wer naht? Auf, zu den Waffen!
90

140

6. Auftritt.

Dimitrios, gefolgt von Trägern, welche eine geschlossene Sänfte tragen, erscheint.

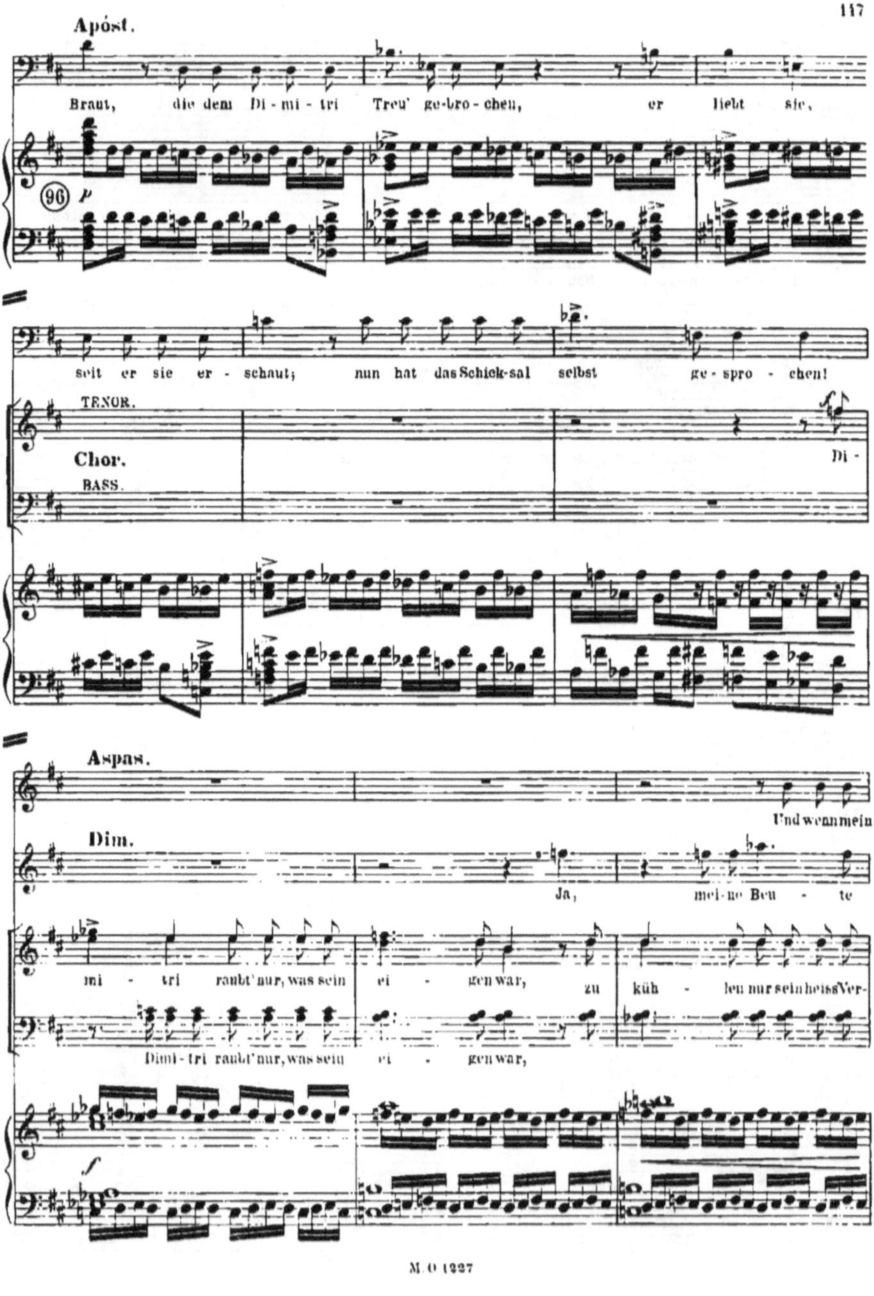
Apóst.
Braut, die dem Di-mi-tri Treu' ge-bro-chen, er liebt sie,
96
p
seit er sie er-schaut; nun hat das Schick-sal selbst ge-spro-chen!
TENOR.
Chor.
BASS.
Di-
Aspas.
Und wenn mein
Dim.
Ja, mei-ne Beu-te
mi-tri raubt' nur, was sein ei-gen war, zu küh-len nur sein heiss Ver-
Dimi-tri raubt' nur, was sein ei-gen war,
f

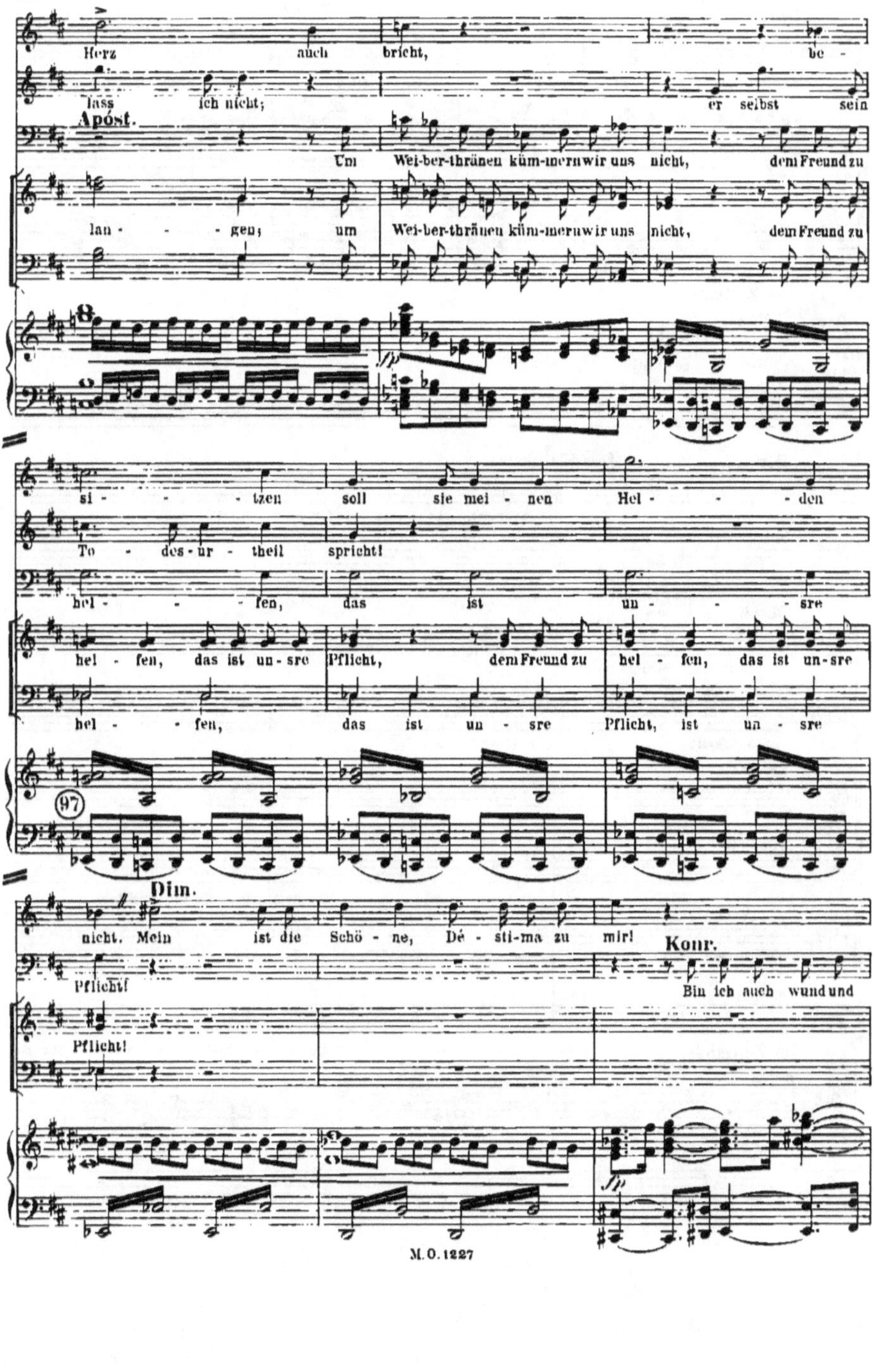
Herz auch bricht, be-
lass ich nicht; er selbst sein
Apóst.
Um Wei-ber-thränen küm-mernwir uns nicht, dem Freund zu
lan - - gen; um Wei-ber-thränen küm-mernwir uns nicht, dem Freund zu
si - - tzen soll sie mei-nen Hel - - den
To - des-ur - theil spricht!
hel - - fen, das ist un - - sre
hel - fen, das ist un-sre Pflicht, dem Freund zu hel - fen, das ist un-sre
hel - - fen, das ist un - sre Pflicht, ist un - sre
97
Dim.
nicht. Mein ist die Schö - ne, Dé - sti-ma zu mir!
Pflicht!
Konr.
Bin ich auch wund und
Pflicht!

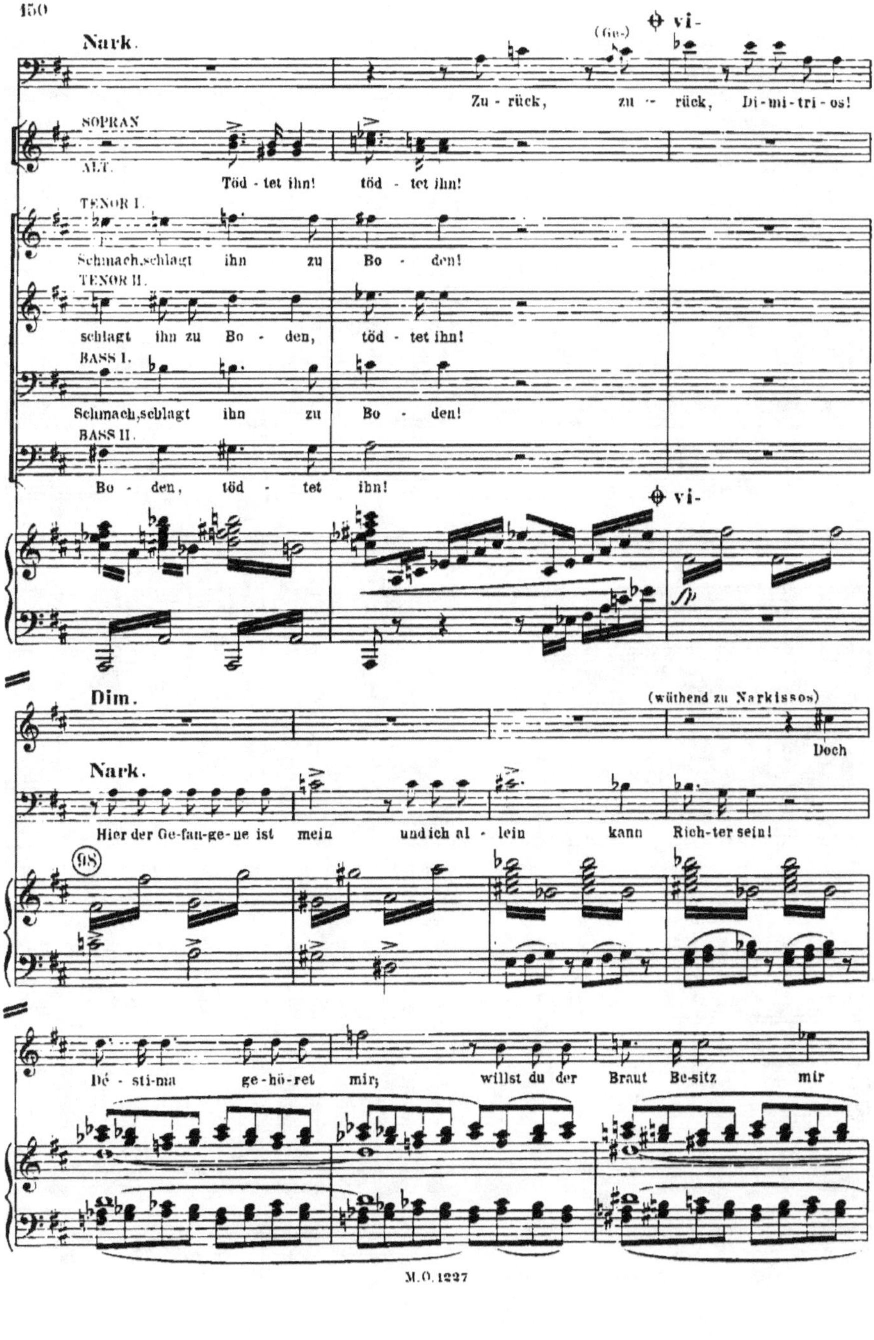

7. Auftritt.

(Ein Bote, oben links auf dem Felsen, einen Brief hochhaltend und schnell herabkommend.)

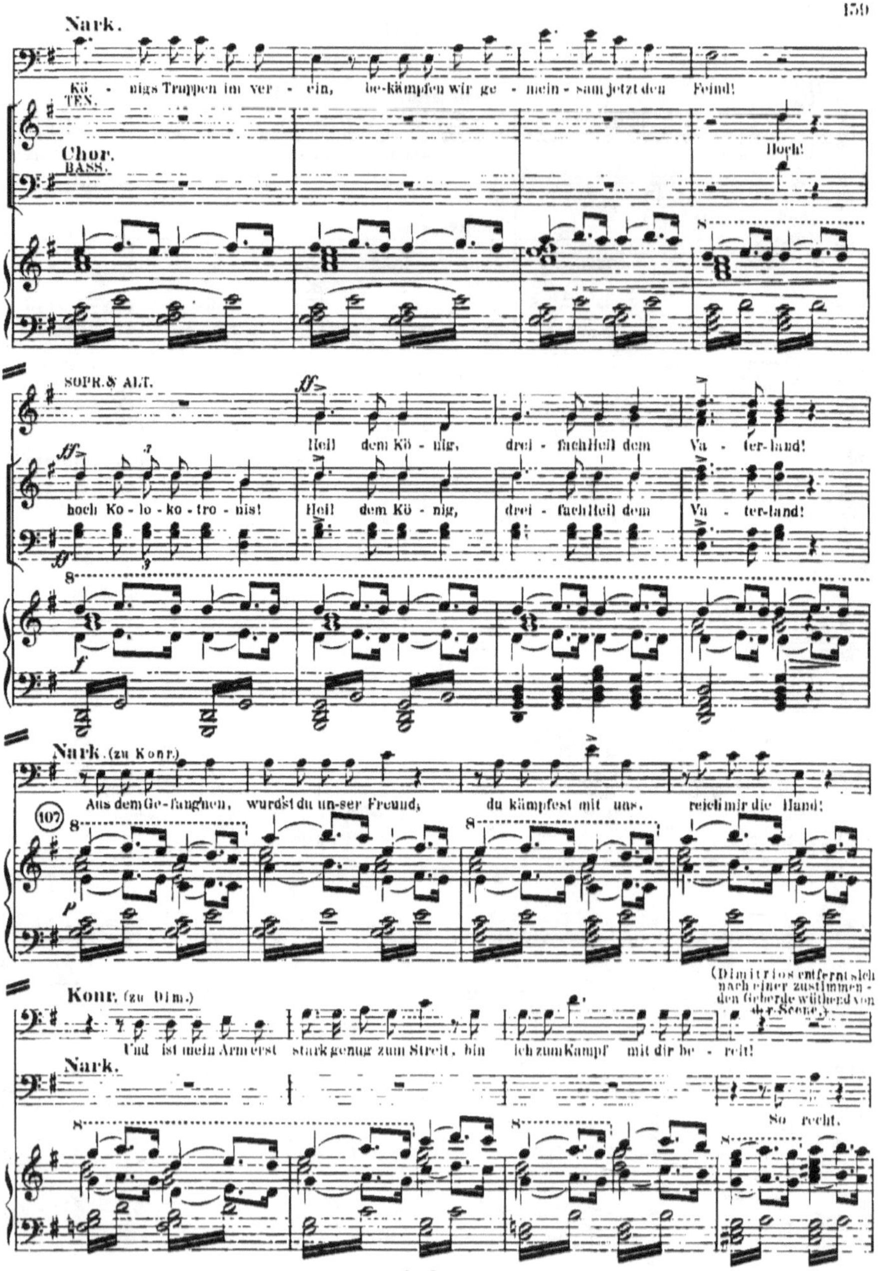
Nark.
Kö - nigs Truppen im ver - ein, be-kämpfen wir ge - mein - sam jetzt den Feind!
TEN.
Chor.
BASS.
Hoch!
SOPR. & ALT.
Heil dem Kö - nig, drei - fach Heil dem Va - ter-land!
hoch Ko - lo - ko - tro - nis!
Heil dem Kö - nig, drei - fach Heil dem Va - ter-land!
Nark. (zu Konr.)
Aus dem Ge - fang'nen, wurdst du un-ser Freund, du kämpfest mit uns, reich mir die Hand!
107
Konr. (zu Dim.)
Und ist mein Arm erst stark genug zum Streit, bin ich zum Kampf mit dir be - reit!
(Dimitrios entfernt sich nach einer zustimmenden Geberde wüthend von der Scene.)
Nark.
So recht.

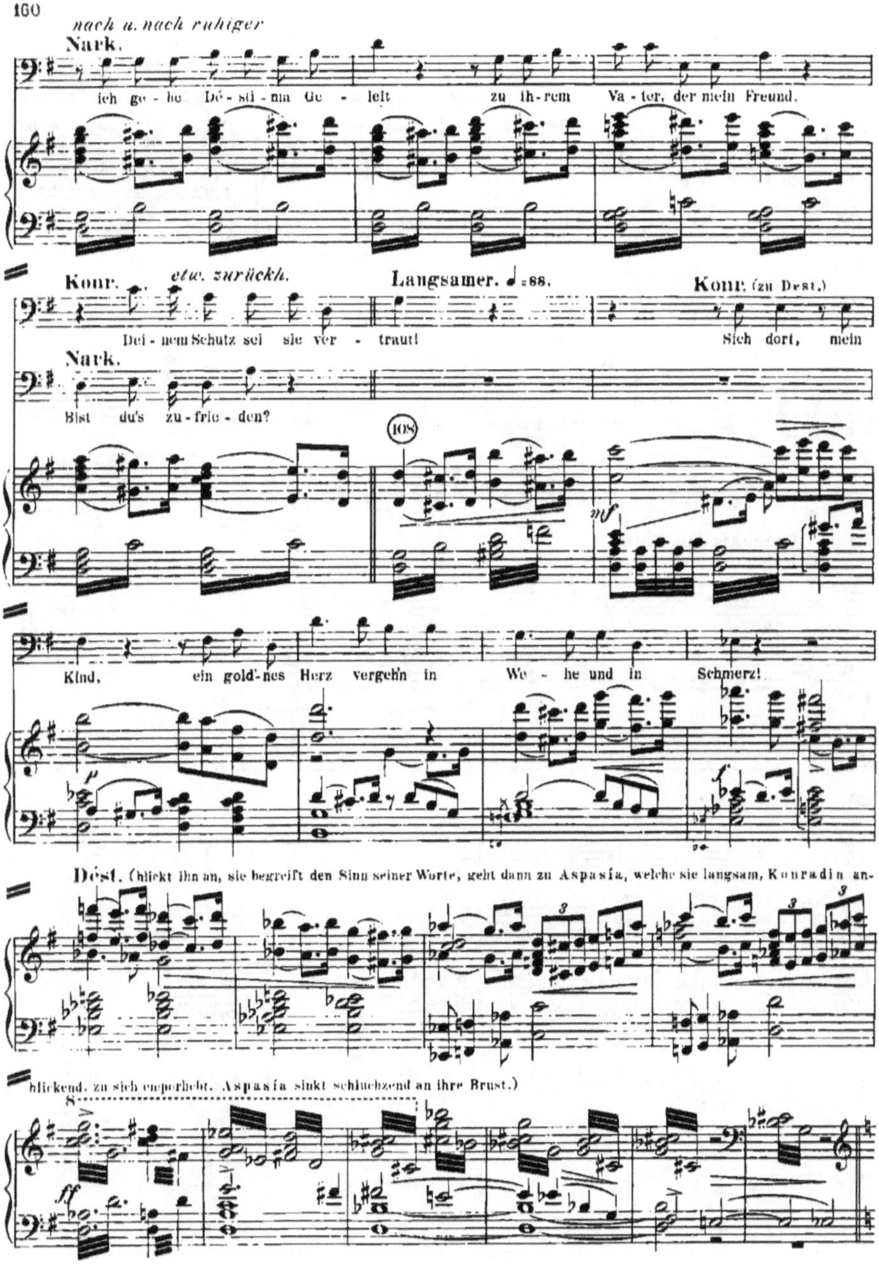
nach u. nach ruhiger
Nark.
ich ge - he Dé - sti - ma Ge - leit zu ih - rem Va - ter, der mein Freund.
Konr. etw. zurückh.
Dei - nem Schutz sei sie ver - traut!
Langsamer. ♩=88.
Konr. (zu Dest.)
Sich dort, mein
Nark.
Bist du's zu - frie - den?
108
mf
Kind, ein gold'nes Herz vergeh'n in We - he und in Schmerz!
p
Dést. (blickt ihn an, sie begreift den Sinn seiner Worte, geht dann zu Aspasía, welche sie langsam, Konradin an-
blickend, zu sich emporhebt. Aspasía sinkt schluchzend an ihre Brust.)
ff

Dritter Aufzug.

Ein Hügel bei Phaleron. Rechts im Hintergrunde eine alte byzantinische Kapelle. In der Mitte der Bühne nach dem Hintergrunde zu eine riesige Ulme, welche den ganzen Platz beschattet. An der Ulme, welche auf einer Erhöhung steht, nach welcher von allen Seiten Stufen hinaufführen, ist ein Heiligenbild mit einer Art Altar angebracht. Der Boden des Hintergrundes ist etwas erhöht, so dass die von dort auftretenden Personen aus der Tiefe zu kommen scheinen. In der Ferne Ausblick auf das Meer. Es ist Nacht, gegen Morgen. Die Wolken sind leicht geröthet.

1. Auftritt.

Aspasia, in einfacher Nationaltracht, in einen grauen Mantel gehüllt, steht auf den Stufen unter der Ulme, an den Altar gelehnt. Links kauert auf den Stufen, unbemerkt von Aspasia, **Apóstolos**; er ist bewaffnet und hat seine Büchse über den Knieen liegen. Tiefe Stille. Aus der Ferne tönen von Zeit zu Zeit, vom Winde herübergetragen, leise Accorde eines Chorliedes aus dem Zigeunerlager.

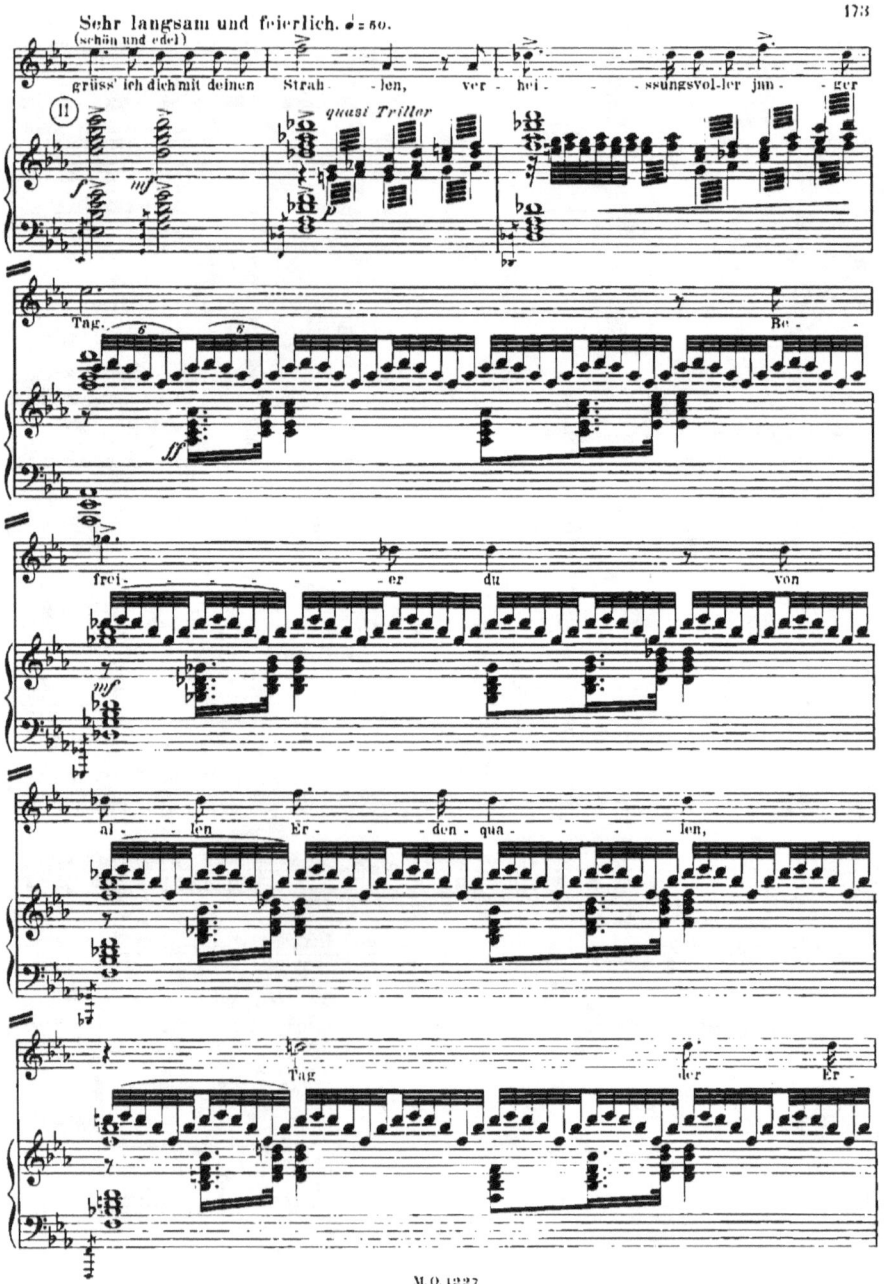

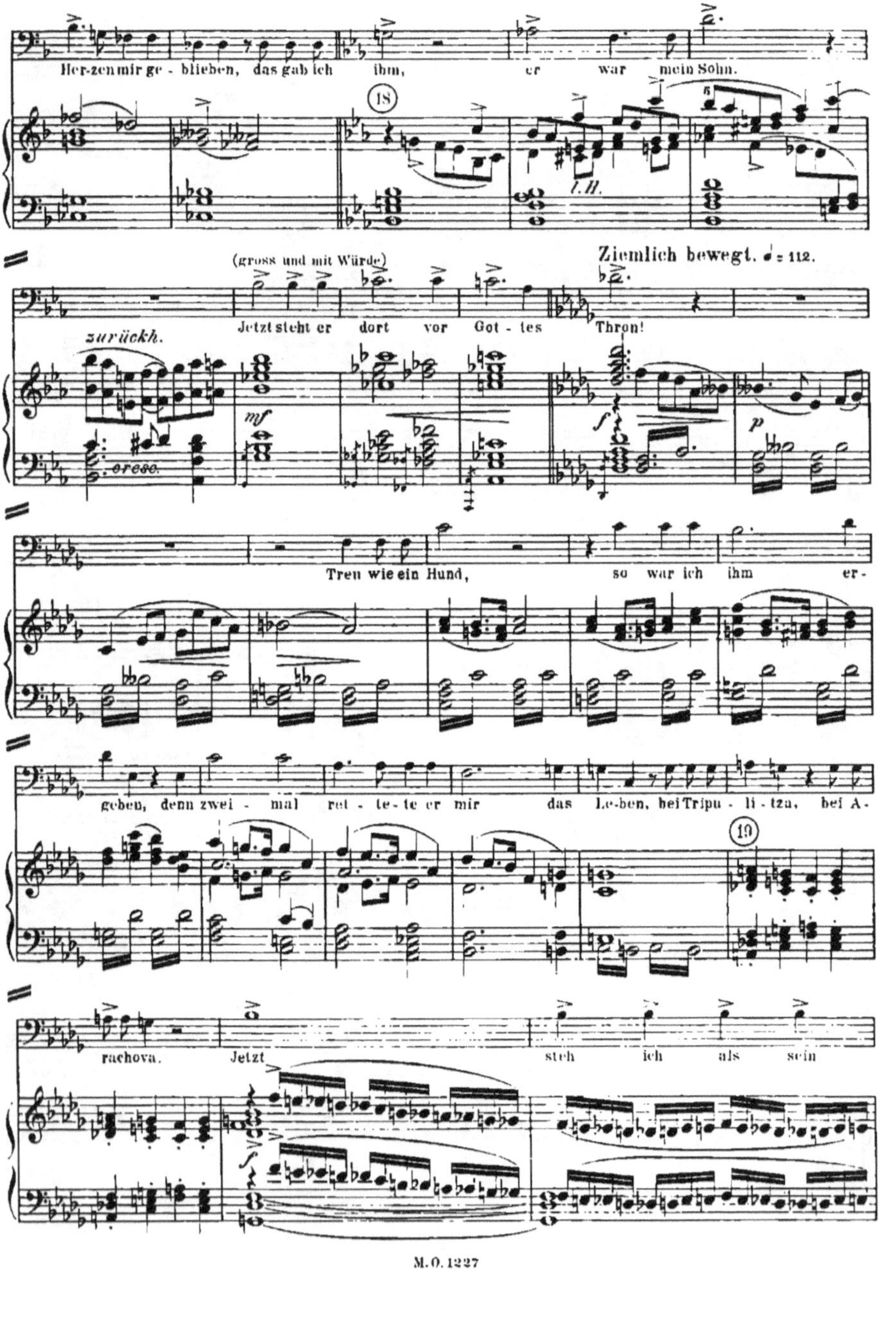
Her-zen mir ge - blieben, das gab ich ihm, er war mein Sohn.
18
l.H.
(gross und mit Würde)
Ziemlich bewegt. ♩= 112.
Jetzt steht er dort vor Got - tes Thron!
zurückh.
cresc.
mf
f
p
Treu wie ein Hund, so war ich ihm er-
geben, denn zwei - mal ret - te - te er mir das Le - ben, bei Tripu - li - tza, bei A-
19
rachova. Jetzt steh ich als sein

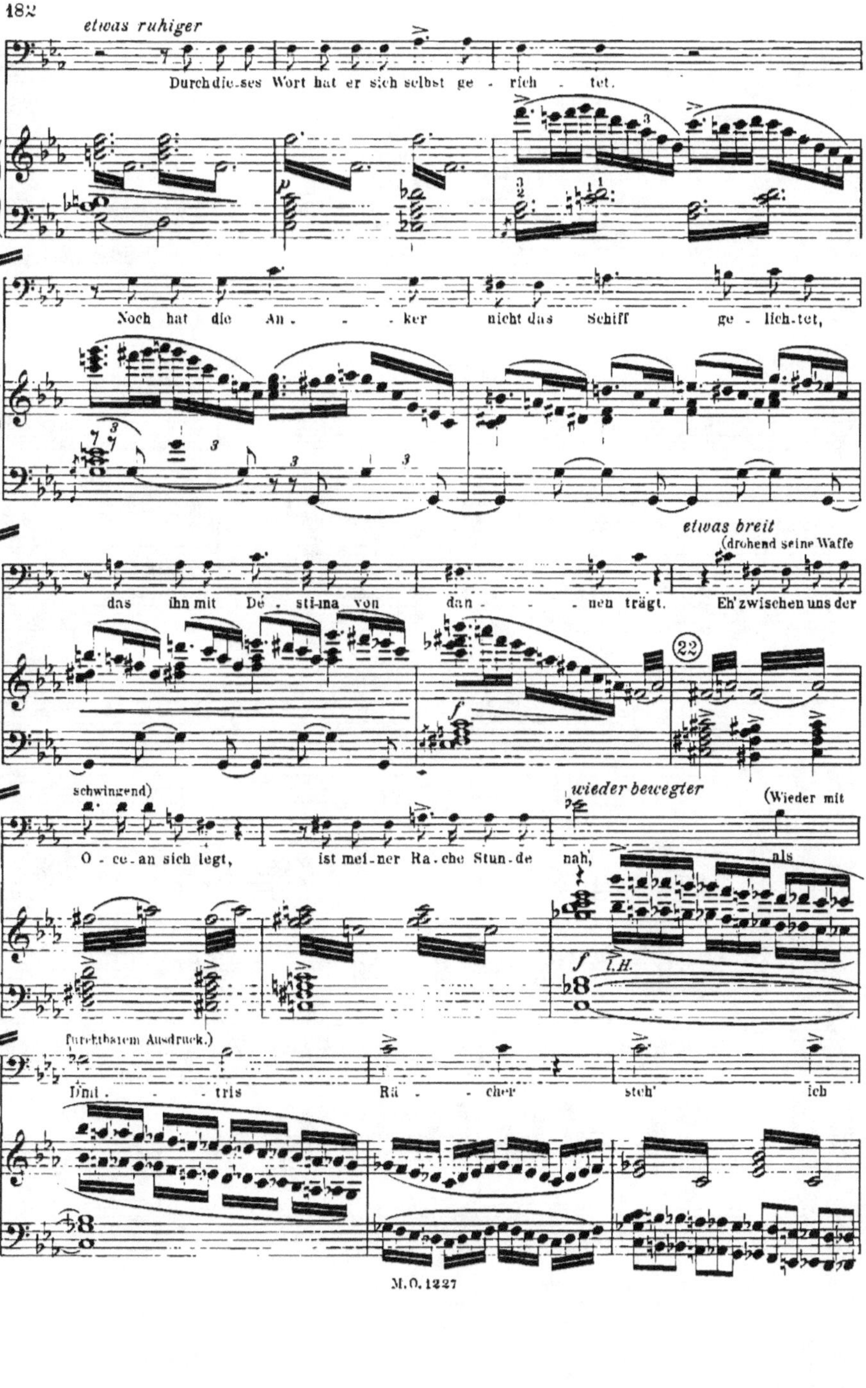
etwas ruhiger
Durch die-ses Wort hat er sich selbst ge - rich - tet.
Noch hat die An - - ker nicht das Schiff ge - lich-tet,
etwas breit
(drohend seine Waffe
das ihn mit De - sti-na von dan - - nen trägt. Eh' zwischen uns der
22
schwingend)
O - ce-an sich legt, ist mei-ner Ra-che Stun-de nah,
wieder bewegter
(Wieder mit
als
l.H.
furchtbarem Ausdruck.)
Dmi - tris Rä - cher steh' ich

2. Auftritt.

Déstima, im Brautkleide, den rothen Schleier um die Schultern geschlungen, tritt von rechts auf und will nach der Kapelle schreiten. Sie erkennt Aspasia und bleibt erstaunt stehen.

3. Auftritt.

Chor der älteren Männer und Frauen, aus dem Hintergrunde links kommend, als Prozession an ihrer Spitze Popen mit Heiligenbildern und Kirchenfahnen. In der Mitte Kinder (Sänger) und Bühnenmusik.

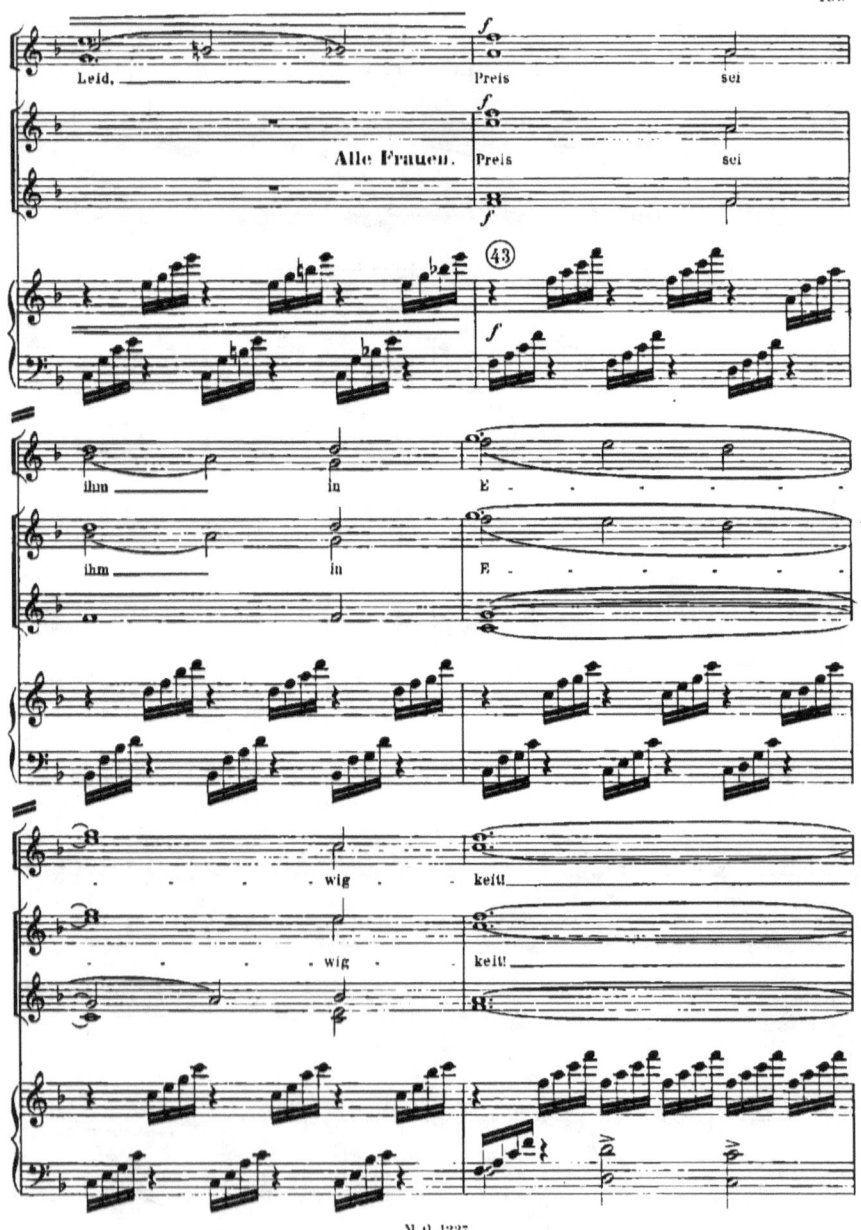

Hymnus.

Die Viertel wie im Marsch die Halben.

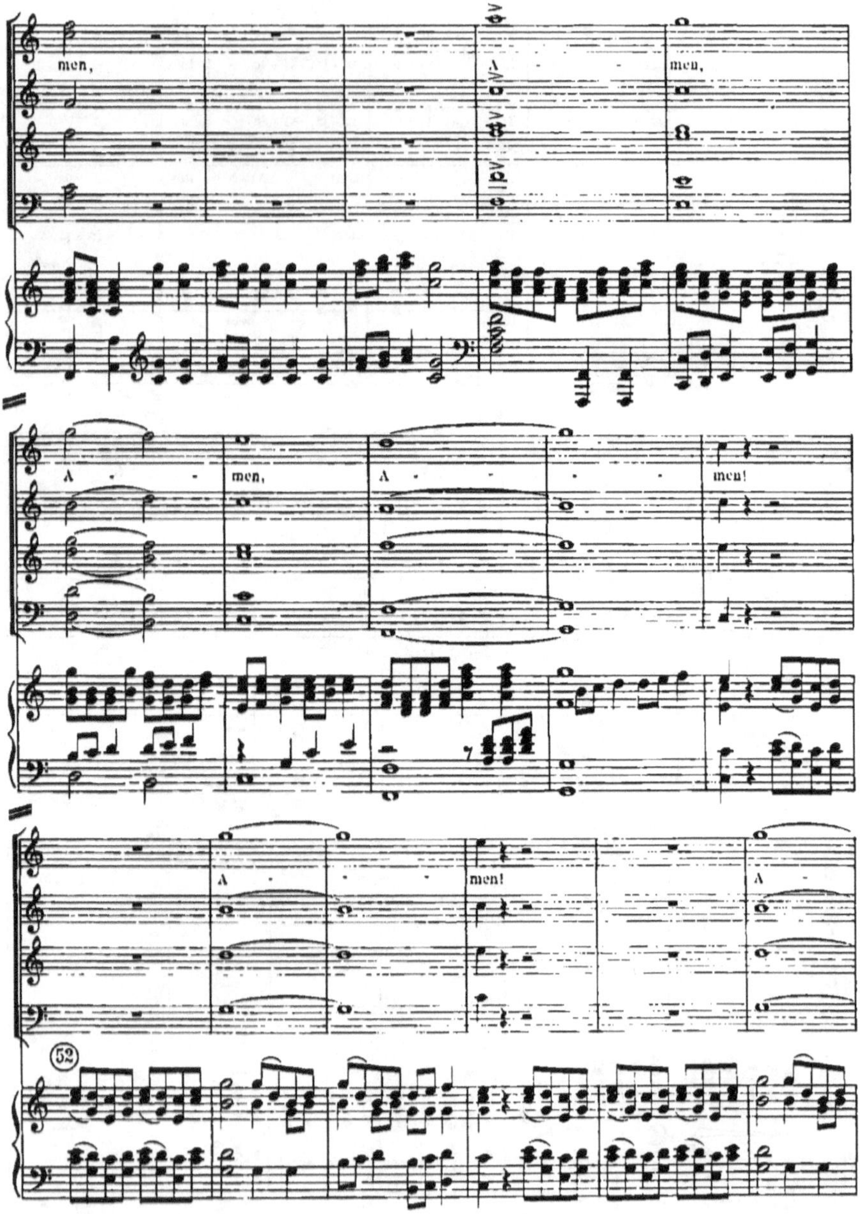

*) Die Wiederholungen können in diesem Satze wegbleiben. M.O.1227

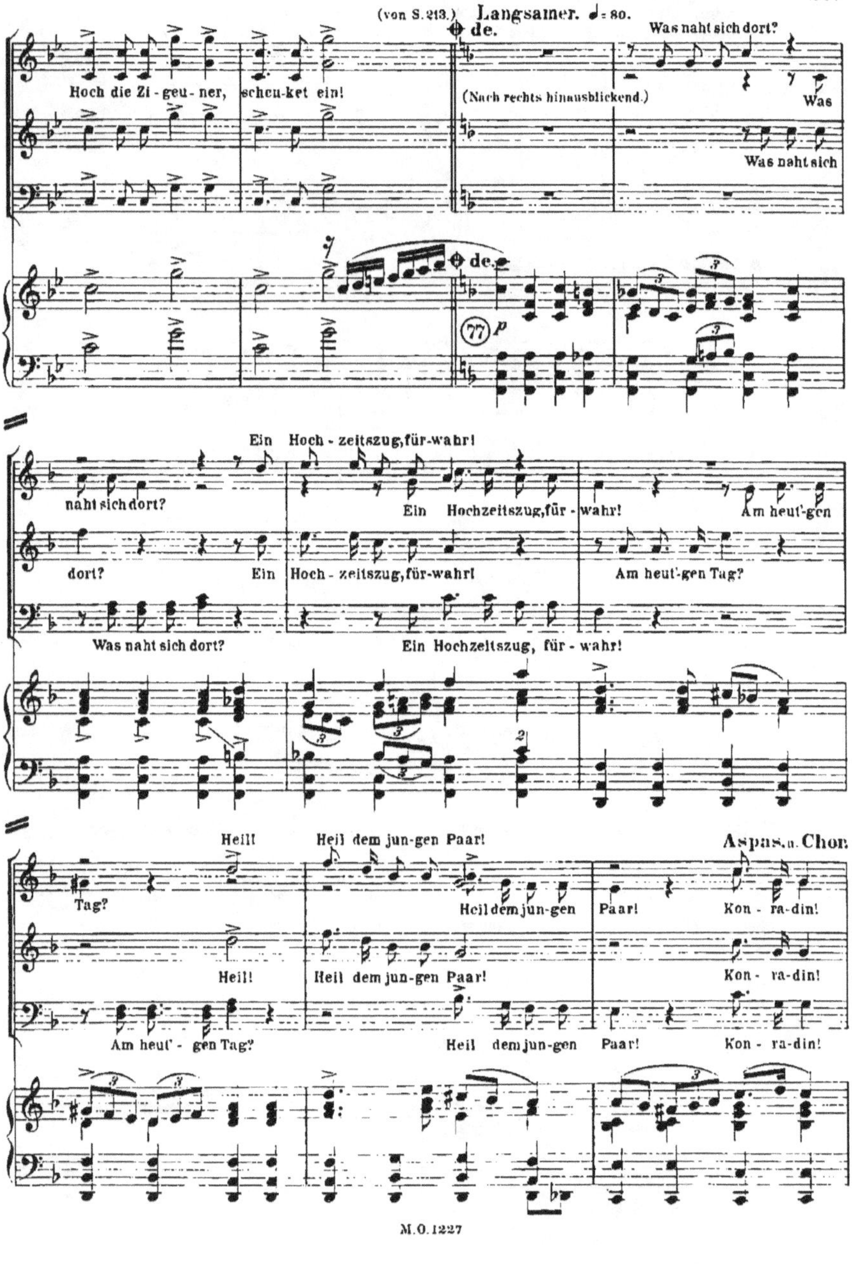

5. Auftritt.

(Aus der ersten Coulisse rechts kommen die Paranymphen, die Brauteltern, Konradin, geführt von Narkissos und einige Palikaren. Der Zug schlägt den Weg nach der Kapelle ein.)

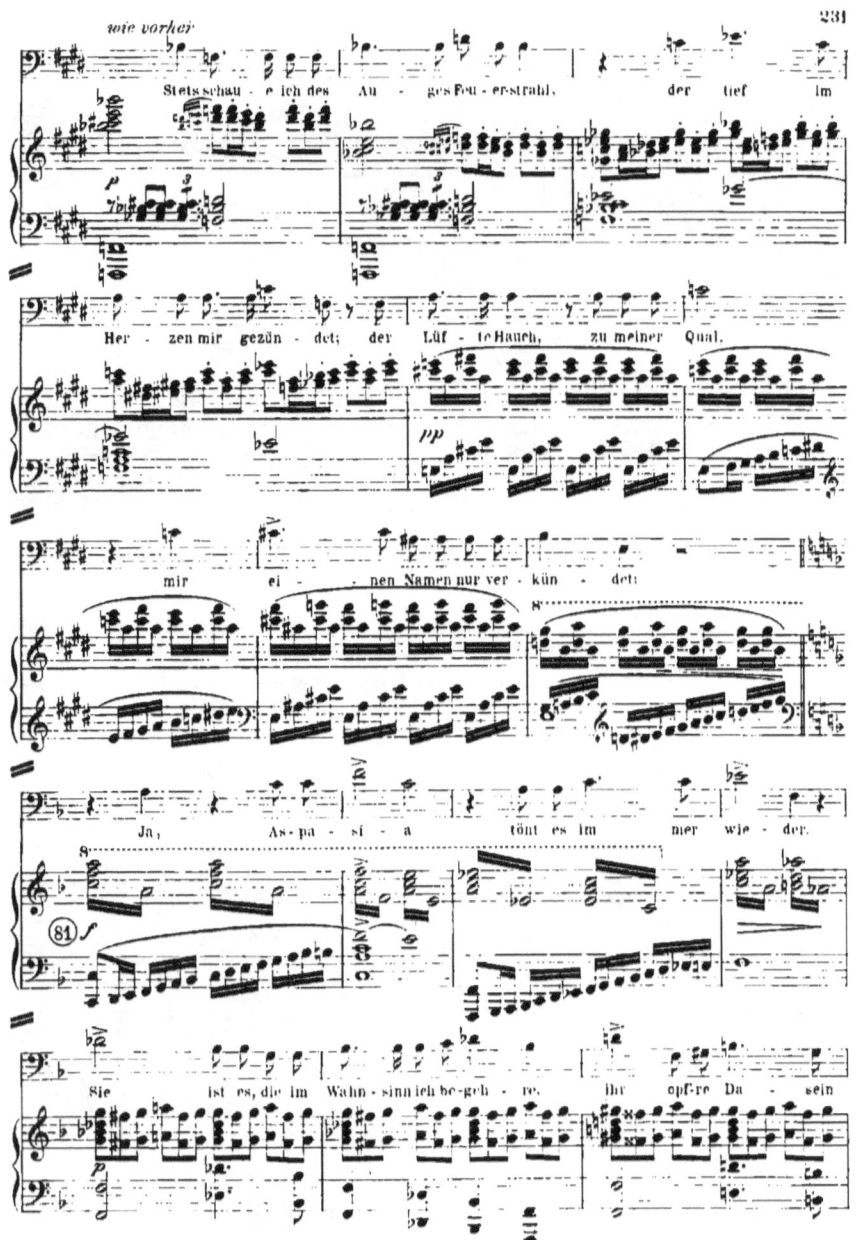

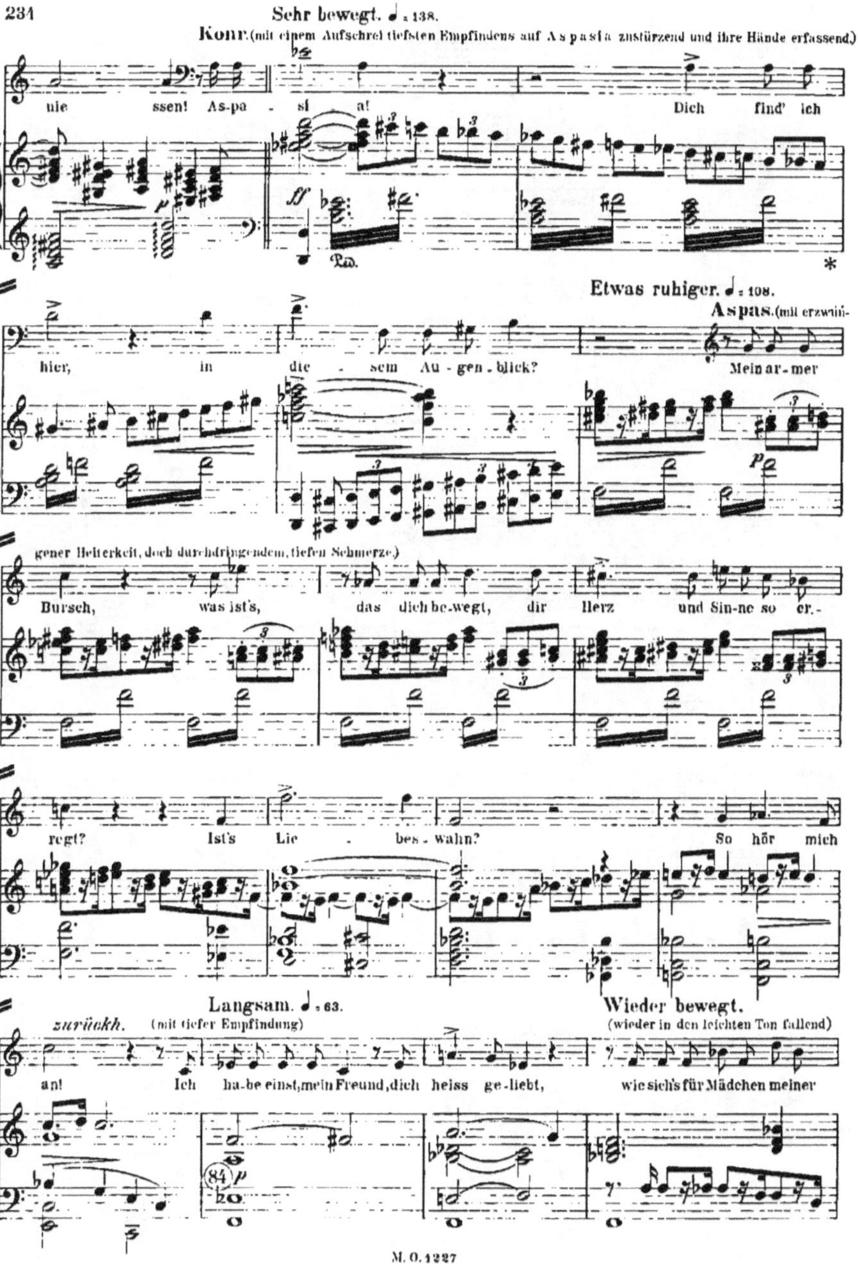
Sehr bewegt. ♩= 138.
Konr. (mit einem Aufschrei tiefsten Empfindens auf Aspasia zustürzend und ihre Hände erfassend)
nie ssen! As-pa - si - a! Dich find' ich
ff
Ped.
*
Etwas ruhiger. ♩= 108.
Aspas. (mit erzwungener Heiterkeit, doch durchdringendem, tiefen Schmerze)
hier, in die - sem Au - gen - blick? Mein ar - mer
p
Bursch, was ist's, das dich be - wegt, dir Herz und Sin - ne so er -
regt? Ist's Lie - bes - wahn? So hör mich
Langsam. ♩= 63.
zurückh.
(mit tiefer Empfindung)
an! Ich ha - be einst, mein Freund, dich heiss ge - liebt,
Wieder bewegt.
(wieder in den leichten Ton fallend)
wie sich's für Mädchen meiner
84
p

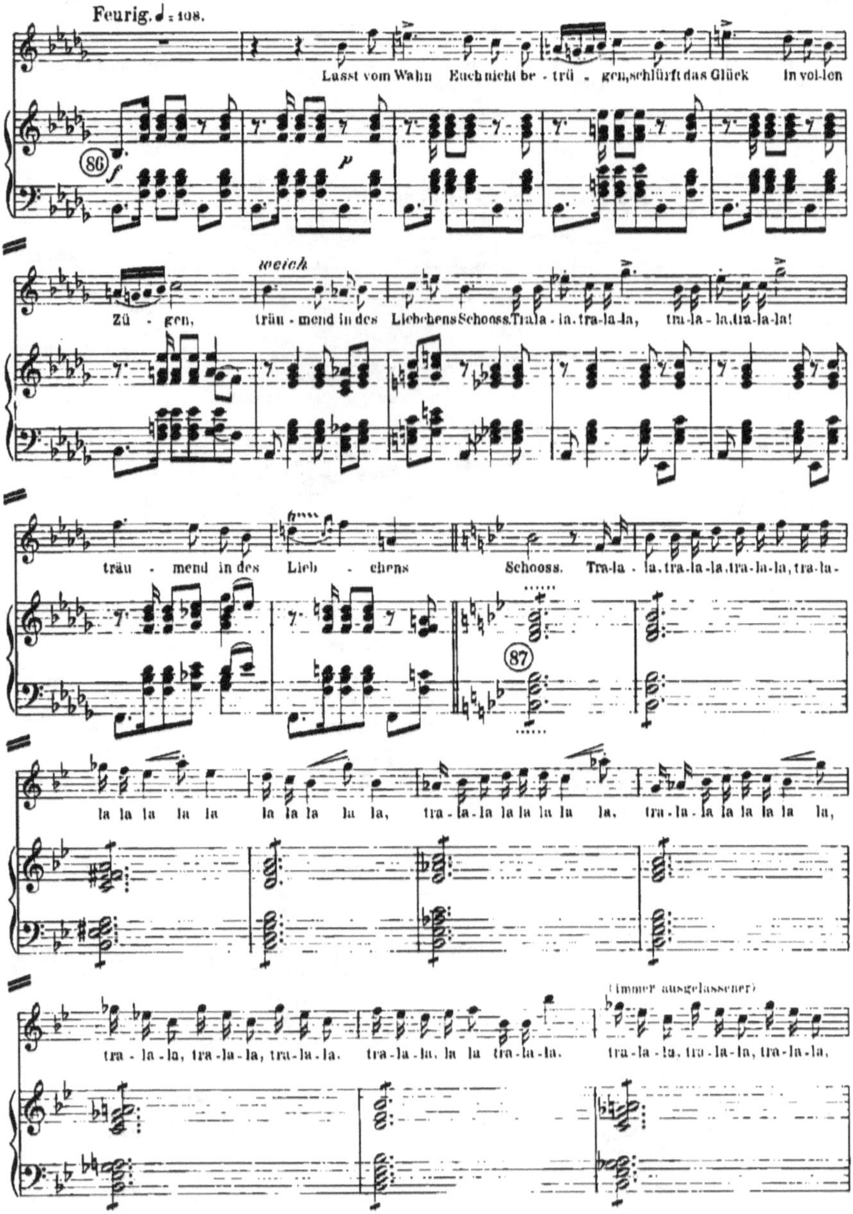
Feurig. ♩= 108.
Lasst vom Wahn Euch nicht be - trü - gen, schlürft das Glück in vol - len
86
f
p
Zü - gen, träu - mend in des Liebchens Schooss. Tra la - la, tra - la - la, tra - la - la, tra - la - la!
weich
träu - mend in des Lieb - chens Schooss. Tra - la - la, tra - la - la, tra - la - la, tra - la -
87
la la la la la la la la la, tra - la - la la la la la la, tra - la - la la la la la la,
(immer ausgelassener)
tra - la - la, tra - la - la, tra - la - la. tra - la - la, la la tra - la - la. tra - la - la, tra - la - la, tra - la - la,

238

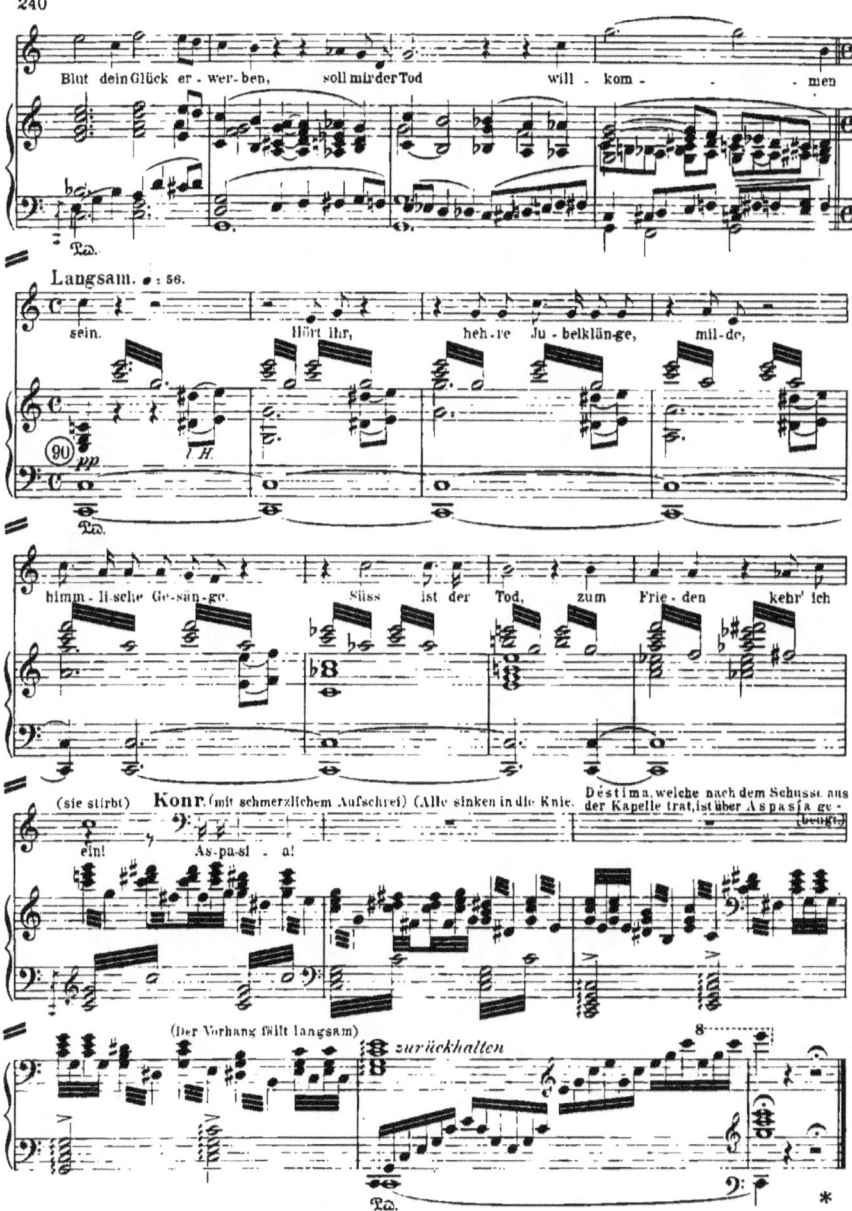

www.ingramcontent.com/pod-product-compliance
Lightning Source LLC
Chambersburg PA
CBHW020805230426
43666CB00007B/863